翻越你的山

从自我破坏到自我掌控

［美］布里安娜·威斯特（Brianna Wiest）———— 著
苏西 ———— 译

清华大学出版社
北　京

北京市版权局著作权合同登记号　图字：01-2023-0299

First published in English under the title The Mountain Is You: Transforming Self-Sabotage Into Self-Mastery
by Thought Catalog Books. ISBN: 1949759229
Copyright © 2020 by Brianna Wiest
This edition has been translated and published under licence from Rightol Media
此版本仅限中华人民共和国境内（不包括中国香港、澳门特别行政区和台湾地区）销售。未经出版者预先书面许可，不得以任何方式复制或抄袭本书的任何部分。

本书封面贴有清华大学出版社防伪标签，无标签者不得销售。

版权所有，侵权必究。举报：010-62782989，beiqinquan@tup.tsinghua.edu.cn。

图书在版编目（CIP）数据

翻越你的山：从自我破坏到自我掌控 /（美）布里安娜·威斯特 (Brianna Wiest) 著；苏西译 . —北京：清华大学出版社，2023.6（2025.6 重印）
书名原文：The Mountain Is You: Transforming Self-Sabotage Into Self-Mastery
ISBN 978-7-302-63782-0

Ⅰ.①翻…　Ⅱ.①布…②苏…　Ⅲ.①成功心理—通俗读物　Ⅳ.① B848.4-49

中国国家版本馆 CIP 数据核字 (2023) 第 113923 号

责任编辑：左玉冰
装帧设计：方加青
责任校对：王荣静
责任印制：丛怀宇

出版发行：清华大学出版社
　　　　网　　址：https://www.tup.com.cn，https://www.wqxuetang.com
　　　　地　　址：北京清华大学学研大厦 A 座　　邮　编：100084
　　　　社 总 机：010-83470000　　邮　购：010-62786544
　　　　投稿与读者服务：010-62776969，c-service@tup.tsinghua.edu.cn
　　　　质 量 反 馈：010-62772015，zhiliang@tup.tsinghua.edu.cn
印 装 者：三河市东方印刷有限公司
经　　销：全国新华书店
开　　本：148mm×210mm　　印　张：6.75　　字　数：126 千字
版　　次：2023 年 8 月第 1 版　　印　次：2025 年 6 月第 13 次印刷
定　　价：59.00 元

产品编号：097972-01

前言

和大自然很像，人生往往对我们有所助益，即便是当我们遭遇逆境，摆在面前的仿佛只有困厄、不适与改变的时候，也是如此。

正如森林大火对环境生态是必要的——让那些需要高温才能萌发的新种子破土而出，重新建立林地的种群结构——我们的心智也会经历周期性的良性解体①或净化，借助这些，我们得以放掉陈旧的自我概念，换上新的。我们知道，在迥异的气候交锋相遇的地带，自然环境最为广袤丰饶，人也是一样：当我们濒临边

---

① Positive disintegration，也译作积极分裂。这个理论由波兰心理学家、精神病学家东布罗夫斯基（Kazimierz Dabrowski）于20世纪60年代提出，解释了人格在整合与解体中的发展过程。该理论指出，人格发展是被内部冲突、焦虑甚至创伤所驱动的，因此有些人能够借着危机或创伤浴火重生。（译者注）

缘状态时，也就是当我们被逼着踏出舒适区，不得不重组自我的时候，我们也会迭代升级[1]。当我们无法再依赖应对机制来逃避人生问题，那感觉就像是堕入了谷底。事实是，当我们终于开始面对那些存在已久的问题时，这种觉醒就会发生。崩溃时刻往往正是临界点，预示着突破即将到来，正如一颗恒星即将爆炸成为超新星的那个瞬间。

当两块陆地受到外力作用，相互冲撞挤压，山脉就形成了。同样，当你心中共存的需求彼此发生冲突，你生命中的"大山"也将逐渐耸出地面。这座大山需要你去调和内心的两个部分：有意识的和无意识的，即一部分的你明白自己想要什么，而另一部分的你并不明白自己为何依然裹足不前。

在历史上，"大山"往往被用来比喻心灵方面的觉醒或个人成长的旅程，当然，还有那种难以逾越的障碍，当我们站在山脚下的时候，翻越它简直是不可能的事。就像大自然一样，大山赋予我们一种内在的智慧，它让我们知道，想要发挥出至高潜能，我们需要付出什么。

生而为人，目标就是成长。在生命中的各个方面，我们都可以见证这一点。物种不断繁衍，DNA 逐渐演化，淘汰某些链串，又生成一些新的；宇宙的边缘在不停地向外扩展，永无止境。同样，如果我们愿意直面人生中的问题，把它们视作催化剂，那么我们感受人生的深度与美的能力也会不停地向内扩展，永无止境。为了实现这一点，森林需要大火，火山需要喷发，恒星需要坍缩，而人类往往需要面对这种境况：别无他法，唯有改变。

面前矗立着一座大山，这并不意味着你在某些方面"有毛病"。大自然中的一切事物都是不完美的，正是因为这种不完美，成长才得以发生。如果每样东西都处于完美一致的状态中，那么创造了恒星、行星，以及我们所知道的一切事物的重力就不会存在。如果没有缺损、错误、裂痕，也就没有一样东西能够生长，没有一样东西会持续发展[2]。你不完美，这个事实并不代表你失败了，它标志着你是有血有肉的人，更重要的是，它标志着你身上还存在更多潜力有待挖掘。

或许你知道你的大山是什么。它可能是某种瘾头，是体重，是亲密关系、工作、动力或金钱。或许你不知道它是什么。它可能是一种模模糊糊的感觉，比如焦虑、低价值感、恐惧，或某种总体性的不满意，仿佛就快要侵染生活中的一切。大山往往并不是我们面临的某个具体困难，它其实是存在于我们内心中的症结，犹如一个不稳定的地基，表面上看起来或许并不显眼，却几乎能动摇我们生活中的方方面面。

一般来说，当我们遇到一个与外界有关的问题时，我们面对的是生活的真相。而当我们遇到一个总是反复出现的问题时，我们就需要面对自身的真相了。我们往往认为，面对一座大山，意味着面对生活中的艰难困苦，可事实是，这基本上都是多年以来内心中的淤积：那些细小的创伤、适应、应对机制。随着时间的流逝，这些东西混合交织，愈发沉重。

阻挡在你和你想要的人生之间的那个障碍，就是你的大山。面对它，也是你获得自由、成为自己的唯一办法。你之所以身处此地，是因为某个触发事件在指引你，让你看见你的伤口，而你

的伤口将指引你看见你的道路，你的道路将指引你看见你的命运。

当你到了忍无可忍的极限——大山的脚下，火焰的炙烫，令你终于猛然惊醒的暗夜——你就来到了崩溃的关口，如果你愿意下功夫，你就会发现，这里其实正是入口，通往那个你终其一生都在等待的重大突破。

你的旧自我已经无法撑起你想追求的理想生活，到了重塑与重生的时候了。

你必须放开手，让愿景的火焰把旧自我带走；你要愿意用此前从未尝试过的方式去思考。你必须得哀悼那个"年轻的自我"的丧失，那个人帮助你走到了这里，如今却不再有能力陪伴你继续前行。你必须预想出"未来的自我"的模样，并且与之合二为一，那个人是你人生的英雄，将引领你从此地出发。你前方的任务是悄然无声的、简明的，也是宏伟且深远的。它将是一个壮举，绝大多数人连试都不曾试过。现在，你必须要学习灵活性、复原力，还要学着了解自己。你必须彻彻底底做出改变，再也不是从前的模样。

矗立在面前的这座大山，就是你人生的召唤，此生的使命，你的道路终于清清楚楚地呈现出来。总有一天，这座大山会被你留在身后，但在翻越它的过程中，你所成为的那个人，将会永远伴你前行。

说到底，你必须要成功超越的，不是大山，而是你自己。

目录

001 第 1 章
人生中最大的障碍

002 最初,自我破坏往往表现得并不明显
002 自我破坏是一种应对机制
003 自我破坏源于不合理的恐惧
005 自我破坏源于无意识的限制性信念
007 自我破坏源于对未知的抗拒
008 自我破坏源于信念系统
009 如何走出"否认"模式
012 道路始于脚下
014 准备迎接彻底的改变

016 第 2 章
并没有自我破坏这回事

- 017 什么是自我破坏
- 020 自我破坏行为有哪些
- 043 如何判断自己是否陷入了自我破坏的循环
- 047 看清隐藏在潜意识里的需求
- 049 直面被抑制的情绪,并采取行动
- 050 停止自我破坏后,最有可能浮现的情绪
- 052 切断行为与情绪的关联

055 第 3 章
情绪触发事件是指向自由的路标

- 056 如何解读负面情绪
- 063 看见自己的需求
- 065 潜意识在努力地跟你沟通
- 072 学着倾听,重新听见
- 073 直觉的声音
- 078 区分直觉与恐惧
- 079 直觉型想法 VS 侵入性想法
- 081 行动起来,切实满足自己的需求

083 **第 4 章**

培养情商

- 083 情商是什么
- 084 大脑的天性
- 088 自稳调节机制
- 089 没有巨变,只有渐变
- 092 头脑是反脆弱的
- 095 新变化会造成冲击
- 098 "灵媒式思维"不是智慧
- 102 逻辑中断令你倍感焦虑
- 105 错误推断是成功路上的障碍
- 108 担忧是最弱的防御

112 **第 5 章**

放下过去

- 113 如何迈出第一步
- 116 借助心理学方法,放下过去
- 120 放下不切实际的期待
- 124 放开不适合你的人和事
- 127 疗愈情绪创伤

130　清理淤积的情绪
135　疗愈内心的真正含义
140　往前走不等于复仇

第 6 章
构建全新的未来

144　遇见未来的自己
147　走出创伤
151　成为最强版本的自己
155　认可你的情绪
161　建立你的原则
167　找到真正的使命
169　找到你此生想做的事

第 7 章
从自我破坏到自我掌控

172　控制情绪 VS 压制情绪
175　学着再次相信自己

177　真正的幸福

180　寻获内在的宁静

181　摆脱担忧

182　情绪反映的未必都是事实

183　成为心理强大的人

191　如何真正享受人生

198　成为自己的主宰

200　参考文献

第 1 章

人生中最大的障碍

人生中最大的障碍,莫过于你自己。

如果在你目前的状态与理想状态之间总是横亘着一条鸿沟,而你为了填补这条鸿沟所做的努力却总是被你自己抵制,使你感到痛苦和不适,这种时候,往往就是自我破坏(self-sabotage)在作祟。

表面看来,自我破坏简直就是自虐。它看似源于自我憎恨、不自信,或是缺乏意志力。实际上,自我破坏只不过是某种无意识的需求的呈现,而自我破坏行为满足了这种需求。为了解决这个问题,我们必须在心理层面上进行深入的挖掘和探讨。我们需要找出导致创伤的事件,释放未经处理的情绪,找到更加健康的方式来满足我们的需求;我们还需要重塑自我形象,并培养一些非常底层、非常本质的能力,比如情商和复原力。

这任务可不轻松,然而,我们每一个人迟早都要面对它。

最初，自我破坏往往表现得并不明显

卡尔·荣格[①]（Carl Jung）还是个小孩子的时候，有一次在学校摔了一跤，撞到了头。受伤的时候他心想："哟，没准这下我就不用上学啦。"[3]

如今，荣格因深刻的研究洞见而广为人知，可当年的他并不喜欢上学，跟同学们相处得也不好。那次摔伤后不久，荣格出现了偶发的、无法控制的晕厥。多年后，他把这种在无意识状态下发生的病症称作"神经症"，并最终认识到，一切神经症都是"合理痛苦的替代品"。

在荣格这个案例中，他无意识地把晕倒和不用上学建立了联系。后来他逐渐认识到，他有一种无意识的、想要离开学校的渴望，因为在那儿他很难受，不开心，而晕厥正是这种无意识渴望的显现。同样的，对很多人来说，他们的恐惧和执着往往就是某种深层次问题的外在呈现——他们没有其他更好的办法去应对它了。

自我破坏是一种应对机制

当我们不愿有意识地满足内心最深处的需求——这往往是

[①] 卡尔·荣格（1875—1961），瑞士心理学家，精神分析心理学的代表人物。

因为我们不相信自己有满足这些需求的能力——自我破坏就会出现。

有时候,我们破坏恋情,是因为我们虽然也害怕孤单,但真正想要的是寻找自我;有时候,我们破坏事业上的发展机会,是因为我们真心想要的是创造艺术,尽管从社会标准来看,这会显得我们不够上进;有时候,我们使出精神分析的手段去对付情绪,从而破坏自我疗愈的旅程,这是因为条分缕析能让我们免于真真切切地感受它们;有时候,我们破坏内心的自我对话,是因为一旦相信了自己,我们就会大胆地回到真实世界中冒险,而这会让我们变得脆弱。

说到底,自我破坏往往只是一种效果不佳的应对机制,我们用它去搪塞内心的需求,这样就不必去真正看清那个需求究竟是什么。但是,就像所有的应对机制一样,它不过如此——只是一个应对的方法而已。它不是答案,不是解决方法,而且它永远不能真正解决问题。我们只不过是在麻痹自己的欲望,给自己一点小小的甜头、一阵转瞬即逝的轻松。

自我破坏源于不合理的恐惧

有时,我们最具自我破坏力的行为其实源于一种对世界和对自身的恐惧,这种恐惧感是日积月累形成的,而且未经检视。

或许你认为自己不够聪明,没有魅力,不招人喜欢;或许你害怕失去工作，不敢乘坐电梯，不敢对感情做出承诺。还有些情形下，这种恐惧会更加抽象，比如有人"要来抓你"，侵犯你的边界，或是担心自己做了什么事被"逮到"，或被人冤枉。

久而久之，这些想法变成了顽固的信念。

对绝大多数人来说，这种抽象的恐惧实际上是某种合理恐惧的外在呈现。因为那个真正的恐惧感实在是太可怕了，我们没法面对，于是把情绪投射到某些不大可能发生的事件或情境上。如果那种情境成真的概率极低，那么它自然就成了一种"安全"的东西，担忧一下也没关系，因为在潜意识中，我们很清楚它是不会发生的。因此，我们也就有了一种表达情感的渠道，同时还不必危及自身。

举个例子，如果你特别害怕坐汽车，或许你内心中真正的恐惧是"失去控制"，或害怕有别人或其他力量会控制你的生活。也有可能你真正的恐惧是"向前走"，开动的汽车只不过是一种象征。

一旦意识到真正的问题是什么，你就可以想办法去解决它了，比如说，仔细想想你是怎样放弃自身力量的，或是如何变得这么被动的。然而，如果你没发现真正的问题，就会继续把时间耗费在说服自己上，比如告诉自己坐进汽车的时候不要焦虑，不要害怕——结果发现问题只会变得越来越严重。

如果你试图在表面上解决问题，就会不停碰壁。这是因为，你在还没找到疗伤办法的时候，就想把创可贴撕掉。

自我破坏源于无意识的限制性信念

如果你的内心故事已经过时、受限,或压根就是不正确的,最初的征兆之一就是出现自我破坏的行为。

你会度过怎样的人生,不仅取决于你如何看待它,也取决于你如何看待自己。自我概念是你倾尽一生建立起来的观念,它是由来自外部世界的各种输入与影响拼凑而成的。比如父母的信念、同辈人的想法,以及你从亲身经历中总结出来的令你深信不疑的经验,等等。自我意象一旦形成就很难改变,因为大脑中的确证偏误[①]会启动起来,证明你对自我的原有信念是正确的。

我们之所以做出自我破坏的行为,很多时候是因为我们渴望实现某个目标,却又不希望成为有能力实现这个目标的人。

如果你想拥有稳定的财务状况,却总是不断地搞砸每一件能让你挣到钱的事,那你就需要回溯自己对金钱的初始观念从何而来,你的父母是如何管理财务的,更重要的是,关于富人和穷人,他们是怎么教育你的。有许多在财务问题上苦苦挣扎的人会跟"金钱"这个整体概念撇清关系,借此为自己的窘况辩护。他们会说,所有富人都是大坏蛋。如果在你成长的过程

[①] confirmation bias,即人们总会倾向于支持自己的成见和猜想。当我们认定了一个观点,大脑就会持续地、有选择地去寻找证据来证明这个观点是对的,同时忽略那些不利的证据。

中，身边一直有人告诉你有钱人都是这种货色，猜猜看你会抗拒什么？

如果你在某个问题上出现了自我破坏行为，并对此十分焦虑，多半是因为你有限制性信念。

或许你把健康和脆弱关联了起来，因为你父母的身体原本一点问题都没有，却突然生了病。或许你脑海中一直酝酿着一部伟大的作品，却迟迟没有动笔，那是因为你真正想要的并不是写作，而是被视作"成功人士"，赢得人们的赞扬——这是一个很典型的反应：当人渴望被他人接纳，却又未曾得到的时候，就会回过头去追求"成功"。或许你不停地吃进对你没有好处的食物，因为它们能抚慰你，但是你却不曾停下来问问自己，这"抚慰"的背后掩藏着什么，或者说，它们在帮助你远离什么？或许你并不是一个真正的悲观主义者，你只是不知道，除了不停抱怨之外，该如何跟周围的人建立联结。

为了调和这些矛盾，你必须开始学着质疑这些业已存在的旧信念，然后接纳新的想法。

你要认识到，不是每个有钱人都是败类，没有那么绝对。更重要的是，尽管世上确实有人以自私的方式运用金钱，可也有心怀良善意图的好人，他们勇敢地追求这种不可或缺的工具，从而为自己和他人创造更多时间、更多机会、更多福祉。你要认识到，健康会让你变得不那么脆弱，而不是相反；只要你把创作公之于众，就总会有批评相伴而来，这不是不去创作的理由。你要证明给自己看，比起不健康的食物，能更加有效地抚慰自己的方法还多的是，跟他人建立联结的方法还有很多，而且效果远远好过消极和悲观。

一旦你开始真正去观察并质疑这些固有的信念，你就会逐渐看到，一直以来，它们是多么的扭曲，多么的不合逻辑——更不用说这个明显的事实了：它们一直在阻碍你发挥最大的潜力。

自我破坏源于对未知的抗拒

人类对未知有种天然的抗拒，因为"未知"本质上就是终极的失控。即便那些我们"不了解"的东西是善意的，甚至是对我们有好处的，我们也会心生抵触。

很多时候，自我破坏只是对"不熟悉"的反应。这是因为，但凡一样东西是陌生的，不管它有多好，依然会令我们感到不自在，直到我们对它熟悉起来为止。这往往会让人们把对未知的不适感与"错的"、"坏的"或"不祥之兆"等同起来。其实，这只是一个心理调适的问题而已。

对此，盖伊·亨德里克斯（Gay Hendricks）[①] 提出了"上限"的概念，或者说，人对幸福的承受极值[4]。每个人都有对

[①] 盖伊·亨德里克斯，人际关系与身心疗法领域的资深专家，高管教练、畅销书作者。

良好感觉的容量阈值，一旦超出这个限度就会感到不舒服。其他心理学家也提出过类似的说法，即人有一条"基线"，或者说，人们会预先设定一种行为倾向，最终总会退回到那里。在一些特定的情境下，基线会发生暂时的浮动，但它大致是固定不变的。

假以时日，微小的浮动确实也能导致基线发生永久的改变。然而，大多数情况下，改变往往并不持久，因为我们会碰触到上限。我们之所以不允许新的基线产生，是因为心中的幸福感一旦超出了熟悉的程度，我们就会有意或无意地找到办法，让自己退回到舒适的情绪状态中。

我们就像被编了程序似的，总是自动自发地寻找已知。即便我们认为自己确实是在追求幸福，可实际上还是在努力地寻找最习惯的东西。

自我破坏源于信念系统

关于人生，你所深信不疑的东西，就是日后你会显化成真的东西。

正是因为这个，察觉到心中已经过时的叙事，并有勇气改写它们，才显得格外关键。

或许大半辈子以来，你都深信，在一个体面的公司工作，拿五万美元的标准年薪，就是你能力的上限。或许多年来你总是这样告诉自己："我是一个容易焦虑的人"，渐渐地你就真的认同了这个说法，把焦虑和恐惧深深纳入你的信念系统，认为自己本质上就是这样的人。或许你在一个思想保守或回音室般的圈子里长大；或许你从不知道自己可以质疑别人对政治或宗教问题的看法，或得出新的结论；或许你从没想过自己可以打扮得酷帅有型、对生活感到满足，或是周游世界。

在另一些情况下，你的限制性信念可能来自于"要让自己保持安全"的念头。

可能出于这个原因，你更喜欢熟悉的事物带给你的舒适感，而不是未知事物带来的脆弱感；你更愿意选择淡漠，而不是兴奋激动，因为你认为受苦会令你更有深度，或是你深信人生中每发生一件好事，都必然有"坏事"相伴相随。

为了获得真正的疗愈，你需要改变自己的思维方式。你需要对负面和错误的信念非常警觉，并且逐渐换上一套对自己真正有益的心智模式。

如何走出"否认"模式

这些关于自我破坏的"预备知识"或许在你心中唤起了一点共鸣，但也有可能激发出了深深的认同。

无论共鸣程度如何，如果你是因为真心实意想改变自己的人生而读到了这里，那么你必须要停止否认自己的人生状况。

你必须要如实、如是地面对自己。你必须要做出决定：因为你太爱自己，所以你不再勉强接受那些配不上你的东西。你值得拥有更好的。

如果你认为自己可以生活得更好，你可能是对的。

如果你认为自己可以取得更多的成果，你可能是对的。

如果你认为自己并没有活出真我，你可能是对的。

找出没完没了的证据，来抚慰心中对目前状态的真实感受，这对我们没有好处。因为当我们这样做的时候，我们心中会产生一种分裂感，并且会卡在原地，动弹不得。

在所谓"爱自己"的尝试中，我们试图充分认可自己的方方面面。然而这暖洋洋的柔情好像总是不会持久，只能暂时缓解不舒服的感觉。为什么这种方法不起作用？因为在内心深处，我们知道自己还没有成为想要的模样。除非能如实地接受这一点，否则我们永远也不会找到内心的宁静。

处于否认状态时，我们很容易进入"责怪"模式。我们会去寻找其他人或其他事当借口，来解释我们为什么是现在这个样子。然后我们开始为自己辩白。如果你经常找理由——差不多每天吧——来解释你为什么对生活不满意、不开心，那么你就是在给自己帮倒忙。你深深地渴望创造出持久的改变，可这样做并不会让你离这个目标更近一点。

要获得任何类型的疗愈，第一步就是充分承担起行动的责任。这意味着从此不再否认你的生活与你自身的真相。你的生活呈现出怎样的外在样貌并不重要，重要的是你的内在想法。长年累月地感到压力、恐慌、不快乐，这不是"没关系"的小事，这很有关系。有些事情出了差错，而你试图用"爱自己"的方式来蒙蔽自己，不让自己看清真相，你这样做的时间越长，受罪的时间也就越长。

最高级的自爱，是从此不再接受不满意的生活。这意味着以坦率和直白的方式面对问题。

如果你真心想把目前的生活"连根拔起"，让它彻底改头换面，这正是你需要做的。这是实现真正改变的第一步。

拿一张纸和一支笔，把所有你不满意的事情都写下来，把你面对的每一个问题都具体地列出来。如果你面临的是财务方面的困扰，你需要非常清楚地看到哪里出了差错，把每一项债务、每一张账单、每一项资产、每一项收入（哪怕是一丁点儿），都统统罗列出来。如果让你烦恼的是自我形象问题，就把你不喜欢自己的地方清清楚楚地写出来。如果是焦虑问题，就把每一件让你烦恼或担忧的事情都列出来。

你最先要做的一件事，就是走出否认模式，清楚地看到是哪里出了问题。这时候，你有一个选择：要么与现状握手言和，要么做出改变的承诺。徘徊纠结会将你困在原地，哪儿也去不了。

道路始于脚下

如果你知道生活需要改变，即便现在你离目标很远，或者还没想出来该如何抵达，都不要紧。

如果你站在起点，不要紧。

如果你处于人生的最低谷，看不见道路在哪里，不要紧。

如果你还待在大山脚下，此前的每次翻越都以失败告终，不要紧。

踏上疗愈之旅的时候，起点往往就是人生的谷底。这不是因为我们突然看见了光，不是因为我们最糟糕的日子被神奇的力量点化，变成了顿悟的机缘，也不是因为有人把我们从自身的疯狂中拯救了出来。谷底之所以成为人生的转折点，是因为唯有在这个地方，绝大多数人才会萌生一个想法：**我再也不要过这种日子了。**

这不仅仅是一个念头而已。它是一个宣言，一个决心。它是你所能体验到的最能改变人生的力量。它将成为基石，你今后的一切都将在这个基础上筑成。

当你做出决定，你真的再也不想过这种日子了，你就踏上了一个自我觉察、学习和成长的旅程，在这个旅程中，你将彻底重新塑造自己。

在这一刻，错误变得无关紧要。你不会再反复纠结谁做了什么，或者你受了多大委屈。在这一刻，只有一个信条指引着你：无论付出什么代价，**我都绝对不会再让生活变回这个样子**。

谷底不是个坏地方。它不是无缘无故出现的。当习惯日复一日地逐渐沉积，当应对机制急剧加码，濒于失控，以至于我们没法再抗拒那些企图隐藏起来的情绪——唯有在这种时候，我们才会跌至谷底。谷底就是，当我们终于与自己坦诚相对，当一切都错到无以复加，我们只剩下一个选择：我们终于意识到，在所有这一切中，只有一个共同的因素。

我们必须疗愈自己。我们必须改变。我们必须选择调转方向，从此不再重蹈覆辙。

如果只是某一天过得比较糟糕，我们不会想：**我再也不要过这种日子了**。为什么？因为虽然不开心，但也不是不能忍。我们基本上都明白，糟心的小事在所难免，这就是生活的一部分；我们不完美，但努力做到最好，这种模模糊糊的不舒服总会过去的。

我们不会因为一两件事出了差错而到达极限点。当我们开始接受问题不在于外部世界，而在于我们自身，此时我们就到达极限点了。这是一个美妙的领悟。作家艾欧迪基·阿瓦希卡（Ayodeji Awosika）是这样描述他的极限点的："你必须找到那种最纯粹、最纯粹、最纯粹的厌倦至极的感觉。让它扎心戳肺。我是真的吼了出来：'我再也不要过这种日子了！'"

人类是被舒适感指引的。他们选择熟悉的东西，拒绝陌生的，哪怕后者显然会给他们带来好处。

因此，绝大多数人不会真正去改变自己的生活，直到"不改变"成为最让人不舒服的选择。改变习惯是困难的，人们往往不愿意为改变习惯付出行动，直到实在没有其他办法为止。继续留在原地已经不可能，无论怎么看，这都不是想要的选项，他们连假装都没法再装下去了。坦白讲，这不像是走进了谷底，他们更像是被一块大石压在了底下，艰难地用力挣扎，想要爬出来。

如果你真的想要改变自己的生活，就让自己充满愤怒吧：不是冲着别人，也不是冲着世界，而是在自己的内心中积蓄起愤怒的力量。

狠狠地生气，坚定而决绝，允许自己把视野收窄成一条管道，只留下尽头那一件事：你绝对不会再以这个面貌走下去。

准备迎接彻底的改变

人们之所以不愿意做这些重要的内在功课，最主要的原因是：他们发现，如果他们疗愈了自己，生活就会改变——有时甚至是极为剧烈的改变。如果他们承认自己有多么不快乐，这就意味着，一旦开始重新来过，那么在一段时间里，他们就必须要忍受**更多的**不适、羞耻和惧怕。

有件事情咱们要先说清楚：终结你的自我破坏行为，确确实实意味着改变即将到来。

你需要付出代价。

要拥有新生活，你需要放弃旧的。

你需要放弃舒适区和方向感。

你需要放弃恋情和友情。

你需要放弃被喜欢和被理解的念头。

没关系，因为这些都不重要。

真正适合你的人将在对岸迎接你。你将围绕那些能够真正助你前行的事物建立起新的舒适区。你即将得到的不是喜欢，而是爱；不是被理解，而是被看见。

你即将失去的，都是为原先的那个你搭建的，而从今以后你不再是那个人了。

还紧紧攀附在你的旧人生之上的，就是自我破坏。如果你真心想看到真正的变化发生，那就松开手，放下它，因为这就是我们必须要做的准备。

── 第 2 章 ──

并没有自我破坏这回事

人们都会习惯性地做一些事。如果这些事能推动你进步,你把它们叫作技能;如果这些事拖住了你,让你阻滞不前,你把它们叫作自我破坏。从本质上来说,它们的功能其实是一样的。

某些时候,这是偶然的。有时候,我们只是习惯了按照某种方式生活,没能看到人生还有可能是另一种模样;有时候,我们做出不太好的选择,是因为我们不知道如何做出更好的选择,或是压根不知道还有其他办法;有时候,我们满足于别人给什么就接受什么,因为我们不知道还可以主动要求更多;有时候,我们把人生设置成了"自动巡航"状态,这状态持续得太久,以至于我们渐渐以为自己没有别的选择。

然而,绝大多数时候,这压根儿就不是偶然的。那些你无法停止的习惯和行为——不管它们的破坏力或限制性有多强——其实是你的潜意识精心设计出来的,目的就是满足某个未被满足的需求,安抚某种漂泊无着的情绪,填补某个被你忽视的渴望。

要战胜自我破坏，首先要想清楚的不是"应该如何驾驭我的冲动"，而是"这些冲动为何会存在"。

自我破坏常常被人误解为惩罚、嘲笑或故意伤害自己。表面看来确实如此。比如，自我破坏就是发誓要吃健康的食物，没过几个小时却发现自己停在快餐店门口；自我破坏是发现了一个市场机会，想出一个前所未有的、极为精彩的商业创意之后被其他事"分了心"，忘记了着手去做；自我破坏是在人生发生重大改变或重要事件的当口，心里冒出了骇人的怪念头，还任由它们束缚你的手脚；自我破坏是明知自己有那么多事情值得感恩和开心雀跃，却还是焦虑担忧。

我们常常误以为这些行为是源自缺乏智慧、意志力或能力，可事实往往不是这样。自我破坏不是我们伤害自己的方式；它是我们试图保护自己的方式。

什么是自我破坏

自我破坏是两个互相冲突的欲望的产物。一个是在你意识范畴中的，另一个是无意识的。你知道自己有多想把生活向前推进，然而不知出于什么理由，你却依然卡在原地，举步维艰。

当你在人生中遇到持续不断的、好似无法逾越的重大障碍，特别是当解决方案看上去那么简单、那么容易，可你就是没办法坚持去做的时候，要知道，你遇到的其实不是外界的棘手难题，而是存在于内心的强烈执着。

人类有种相当不可思议的能力：他们基本上是想做什么就做什么。

在生活中的方方面面都是如此。人类显现出的自私天性程度惊人，而且不管自己的行为可能会造成什么样的潜在后果。当人们忍不住想做某件事的时候，不管会伤害到谁，会引起怎样的争斗，或将未来置于怎样的风险之中，他们都会去做，在这方面人类简直有超人的本事。仔细想想这一点，你就会明白，如果你把某样东西一直留在生活中，没有放手，那就说明你希望它待在那儿，这背后肯定是有原因的。唯一的问题就是"为什么"。

有些人想不通，自己的目标明明是挣大钱，可为什么就是没法鼓足劲头去创业呢？或许是因为他们没有意识到，自己有这样一个潜在的信念：变得富有就等于以自我为中心，或是会被别人讨厌。或许他们并不是真心想变得超级富有。或许这个目标不过是个替身，他们真正想要的是安全感和受到照顾的感觉。也有可能他们真正的渴望是让自己的艺术创作得到认可，而这个愿望似乎不大可能实现，于是他们就退而求其次，选择了一个并不能真正激发热情的梦想。

有些人说，他们愿意不惜任何代价来取得成功，可是又不肯付出相应的时间去努力争取。这或许是因为，在某种程度上他们明白，取得"成功"未必等于幸福快乐或被人喜爱。事实上，相反的说法还更有可能成立。成功往往会把你暴露在嫉妒和挑剔的眼光之下。我们以为成功人士会被人爱戴，但实际上他们往往会被别人吹毛求疵，因为嫉羡的人群需要通过某种方式来让成功人士显得"有人味儿"。很可能许多人真正想要的不是"成功"，而是被爱，然而他们追求成功的野心直接威胁到了这一点。

有些人不明白，为什么自己总是遇人不淑，而且对方的模式好像总是很类似，比如抗拒亲密感、虐待，或不肯做出承诺，等等。可能他们不曾意识到，他们其实是在重现小时候经历过的关系模式，因为他们把爱与失去或遗弃关联了起来。可能他们想要重现当年曾经让自己感到无助的家庭关系，现在作为一个成年人再来经历一遍，这样他们就可以帮助那个成瘾的人，那个撒谎的人，那个内心支离破碎的人。

说到自我破坏，你得理解这一点：有时候，抓着问题不放反而比较容易。

取得成功可能会让别人没那么喜欢你。

寻找真爱可能会让你变得更加脆弱。

让自己处在不够有魅力的状态，可能会保护你的安全。

摊子铺得小一点，能帮你避开旁人挑剔的审视。

拖延能把你拉回舒舒服服的地方。

各种各样的自我破坏行为，其实都是你满足自己需求的方式，只是你多半不曾意识到这些需求的存在。战胜自我破坏不但要学着更加了解自己，而且要意识到，你的问题其实并不是问题，它们只是表层的症状。

只是把应对机制停掉，然后以为自己已经解决了问题，这样做是没用的。

自我破坏行为有哪些

百分百明确地指出哪些行为属于自我破坏，哪些不属于，这是不可能的。因为对一个人有益的某些特定习惯和行为，在情境发生改变之后就可能变成有害的了。

话虽如此，肯定还是有些具体的行为和模式是自我破坏的典型标志，而且它们通常也表明，你知道自己的生活中有问题，可还是觉得需要让问题留在那儿。以下就是一些主要的表征，表明你多半陷入了自我破坏的循环。

抵　　制

当我们手上有一个新项目要做，可就是没办法让自己行动起来，这就是抵制；当我们进入一段新恋情，却总是不断爽约，这也是抵制；当我们想出了一个非常棒的新点子，可到了踏踏实实去执行的时候，心中却感到紧张和气愤，这也是抵制。

感受到抵制出现，往往是在生活要往更好的方向发展的时候，而不是出岔子的时候。当我们遇到麻烦需要解决，抵制往往就会消失无踪。可是，当我们想要去创造、去享受的时候，心中的另一个部分开始萌动，跃跃欲试，这部分的自我追求的不仅是挣扎求生，而且是蓬勃生长、舒展盛放。可这是一种非常陌生的感觉，它会令人心生畏惧，裹足不前。

如何解决

当抵制出现，说明你想放慢脚步，确信自己投入到这个全新的、重要的事情中是安全无虞的。在另外一些情况下，它也可能是一个警示，提醒你有些事情可能不对劲，你需要后退一步，重新再想想。

抵制与拖延或漠然不是一回事，不能用同样的方法来对待。当抵制出现，背后总是有原因的，需要我们去留心和觉察。如果我们强迫自己行动起来，反而会让抵制感变得更加强烈，因为这加剧了内在的冲突，还会引发从最初就令我们裹足不前的恐惧感。

相反，想要放下抵制的话，我们需要重新聚焦。我们需要想清楚自己究竟想要什么、什么时候要、为什么想要。我们需要看清是哪些无意识的信念在阻碍我们采取行动，有了干劲之后，就回去踏踏实实做事。"想要"的渴望，就是消解抵制、让自己积极行动起来的良方。

触碰到上限

正如前文所说，我们绝大多数人会设定一个容量限制，只允许自己感受到这么多幸福。盖伊·亨德里克斯把这称作"上限"。

生活中发生多少好事会让你感到舒适自在，这个量就是你的上限。它是你对积极正向的感受或事件的承受阈值。

在快要超越这个上限的时候，你开始无意识地破坏正在发生的事，这样就可以把自己拉回舒适和安全的领域。对有些人来说，这会反映在身体上，往往会显化为疼痛、头痛或身体上的紧张感。对另一些人来说，这会表现在情绪上，比如感受到抗拒、愤怒、内疚或恐惧。

这看起来好像是完全违反直觉的，可是，在我们的"预设程序"中，我们追求的并不是幸福，而是舒适感，但凡不在舒适区里的事物都会让我们感受到威胁或惊怕，直到我们熟悉它为止。

如何解决

触碰到上限是一个非常棒的信号。它意味着你正在接近全新的层级，这是最值得祝贺的好事呀。解决上限问题的方法就是让自己慢慢地适应"新常态"。

不必一下子就做出巨大的改变，允许自己缓慢地调整和适应。通过放慢步调，允许自己围绕着想要的生活逐步搭建起新的舒适区。假以时日，你就能渐渐地把基线提升到新高度。

连 根 拔 起

"连根拔起"的意思是，有些人会频繁地更换恋爱对象，或是不停地更新公司的网页，可他们真正需要关注的是直面亲密关系中的问题，或是维护好现有的客户群。在连根拔起的状态中，你不允许自己像花朵般充分绽放，只有发芽的过程才让你感到舒适自在。

在这种状态下，你不断地需要"全新的开始"，这往往是因为你找不到健康的方法来应对压力，或是不晓得该如何处理冲突。连根拔起成为一种转移注意力的方式，让你免于面对生活中真正的问题，因为你必须把注意力放到新工作或新城市上，忙着建立新的身份。

归根结底，连根拔起意味着你总是在开启新篇章，却从来不曾写完它。尽管你很努力地想往前走，可最终还是照样卡在原地。

如何解决

首先，要察觉到这个状态。

连根拔起的一个最主要的表征，就是并没有意识到自己正在这样做。因此,最重要的一步就是觉察到发生了什么。回溯一下你近几年的足迹:你换了多少次工作?搬了几次家?然后好好想想,是什么驱使你不停地离开。

接下来,你需要想清楚自己真心想要的是什么。有时候,是因为我们朝着自以为想要的目标走得太快,到头来却发现没有考虑周全,其实自己并没有那么想要它。想清楚是最关键的,因为你需要做长远打算。选一个地方,安定下来,然后慢慢建立人际关系,这样做的感觉如何?留在原来的公司,逐渐升职或建立起自己的业务线,这样感觉如何?

请记住,走出连根拔起的状态,不是让你勉强接受不想要的东西,也不是出于"不想再挪窝"的想法而留在一个不安全或不健康的环境里。最重要的是想清楚自己要什么,选出正确的道路,然后制订一个计划,让自己蓬勃生长,而不是挣扎求生。如果类似的情境再度出现,你之前的反应一般是"拔腿就走",但这一次,让自己面对这种不舒服的感受,留在原地。想一想,为什么"现在的关系"会让你感到不舒服,再想一想,对你来说,健康的关系应该是什么样子的。

完 美 主 义

如果我们期待第一次做某件事就必须做到完美无缺,那就掉入了完美主义的怪圈。

完美主义者追求的,其实并不是把每件事情都做好。所谓追求完美并不是什么好事。实际上，这是一个很大的障碍，因为它让我们对自己的能力或事情的结果设下了不切实际的期望。

完美主义会束缚我们的手脚，让我们不敢行动，不敢尝试，不去踏踏实实地做重要的事。当我们害怕失败，害怕脆弱感，担心自己不够好（或者说，不如我们希望别人认为的那么好），我们就会停手不做。可是，要想真的变得那么好，这些事情是必须要做的。如果我们出于这些原因而不采取行动，那就是在自我破坏，因为正是切实的行动——站出来，直接干，一遍又一遍地做——最终将我们带向娴熟与精通。

如何解决

别总想着必须要干得漂亮，干就是了。

别总想着写出爆款畅销书，动笔写就行。别总想着做出格莱美热门金曲，写歌就行。别总想着失败，尽管去不停地做，不停地尝试。在刚起步的时候，最重要的就是动手做，去做你真心想做的事情。动起来之后，你才可以从错误中学习，渐渐地走到你真心想去的地方。

事实真相是，如果心里满是焦虑，总想着"我现在做的事会不会给别人留下深刻印象呀，会不会改变世界啊"，这肯定做不出什么好结果。当我们心无杂念，单纯去做，允许自己去创造有意义的、对我们很重要的事，反而能做出这样的成绩。

不要关注完美，去关注进步。别总想着要把事情做得完美无缺,先完成再说。然后,着手进行编辑、修改、打磨,把它迭代成你理想中的样子。但是,如果你从不启程,就永不会抵达。

有限的情绪处理能力

生活中总有一些人和事会惹你伤心、发火,甚至让你气到发疯,也总有一些人和事能激励你,给你希望,给你帮助,让你真正找到使命和意义。

如果你只会处理情绪中积极的那一部分,那么你就阻碍了自己的成长。你会渐渐避开每一个可能让你感到挫折或不舒服的场景,因为你没有"工具"去应对那些负面情绪。这意味着你开始回避那些有益的风险与行为,可是这些东西最终会改变你的生活,让它朝着更好的方向发展。

此外,缺乏处理情绪的能力,意味着你会陷在情绪里走不出来。你长时间地滞留在气愤和悲伤之中,因为你不知道怎么让它们消散。当我们只能处理一半情绪的时候,也就只体验到了一半的人生。

如何解决

健康的情绪处理方式因人而异,但通常都包括如下步骤:

- 看清楚发生了什么。
- 认可情绪。

- 想出改进的方法。

首先,你需要明白自己为什么不开心,或是那件事为什么让你如此烦恼。如果这一步没想清楚,你就会继续把时间浪费在纠结细节上,不知道是什么在伤害你。

其次,你必须要认可自己的情绪。不是只有你一个人会有这种反应,任何人处在你这个位置上,多半都会有相似的感受(确实如此),有情绪是完全可以的。在这一步,你可以允许自己发泄出来,比如哭泣、发抖、在日记中写下自己的感受,或是找个值得信任的朋友倾诉。

一旦你看清楚哪里出了问题,并且允许自己充分地把情绪释放出去,你就可以想一想今后该如何改变自己的行为或思考方式,以便得到想要的结果。

找 借 口

如果要衡量你这一辈子过得怎么样,最终看的是你取得的成果,而不是你的意图。重要的不是你想做什么,或者本来想做什么(可就是没有时间做),也不是为什么你没能做到,而是最终你到底做没做。当你处于自我破坏模式中,你经常会把借口与可衡量的结果混为一谈:你用借口来获得短暂的满足,把它们当成了真正成果的替代品。

谈到目标、梦想或计划的时候,没有哪个指标是用来衡量

"意图"的。最终看的就是你做了还是没做。没能到场，没能去做，种种借口都只不过是在说，你把这些借口看得比最终成果更重要，这意味着在你的人生中借口会经常排在首要位置。

你也可能会利用借口来回避令你不舒服的情绪感受，可最终看来，这些感受都是成长所必需的。

如何解决

去衡量结果，把关注的重点放在"每天至少做一件有价值的事"上。

重点不再是"有多少天你真的想去健身房"，而是有多少天你真的去了健身房。重点不再是"你确实想跟朋友们见面"，而是你到底去了没有。重点不再是"你想到了一个改进工作的好主意"，而是你究竟有没有付诸行动。

别再接受自己的借口，别再满足于自己的辩白。开始量化你每天取得的成果，算一算当天你完成了多少件健康的、积极的事情。然后你就会看到自己进步的速度有多快了。

杂 乱 无 章

任由我们的生活和空间杂乱无章，这不只是无意间忘了整理的问题。实际上，我们常常是在人为地制造干扰和混乱，借此满足一个无意识的目的。

对于蓬勃生长的生命状态来说，无论是工作上还是生活上，一个干净整洁的空间都是不可或缺的。这意味着一个整洁的家，每天清早容易拿到也容易归置的衣服，一个干净的厨房，一张井井有条的桌子。纸张文件应当放在一个地方，归档好；卧室应当是安宁放松的；每样东西都应该有"自己的家"，在一天结束时可以重归原位。

如果缺乏干净整洁，我们给自己创造的机会就会减少。混乱无序中不会生长出积极和优美的东西，在内心深处我们明白这一点。但情况往往是这样：我们之所以通过杂乱无章来自我破坏，是因为如果我们变得非常干净整洁，就会感到很不自在——因为这就意味着我们得承认，既然现在一切都井然有序了，那就应该动手去做该做的事，或是去努力成为想成为的人。

当我们任由身边的空间乱糟糟的，这通常意味着我们离迈开步伐、积极行动的状态还有一段距离，或者没把它摆在最优先的位置上。

如何解决

像对待其他事情一样，你需要慢慢来，逐步调整自己。收拾整理的时候，先从一个房间开始，如果觉得这个任务量太大，就每次先整理一个角落、一个橱柜，或一个抽屉。动手去做，先只做这么多，随后做好日常维护，保持秩序和整洁。

起步之后，把你的空间逐步收拾好，让它为你服务，而不是给你添堵。在床头柜上放一个能够舒缓情绪的东西，比如香薰机；或是在厨房里放一个一目了然的日历表，这样其他人也可以看到各种日程安排。如果信件总是乱糟糟的，就给它们专门弄一个存放空间，每天收到了就直接放进去；如果脏衣服乱成一团，那就规划一下，留出一两天来专门洗衣服，每次洗一大堆。

你必须让自己逐渐习惯在整洁的桌子上工作，到最后这会变成你的第二天性。你会逐渐意识到，你的压力减轻了很多，对生活的掌控感也变得强多了。

如果身边的环境让你感到"这不是真正的我"，那么你也很难成为想成为的那个人。

执着于并不真心想要的东西

有时候，你的人生梦想其实来自别人的喜好。还有些时候，你认定了自己想要的，但在日渐成熟之后，你想要的已经不再是旧日梦想。

有时，我们陷入无穷无尽的"内在战争"，总是逼迫自己去争取那些其实并不真心想要的东西，那种东西往往令我们感到空虚，因为它们并不是发自我们内心的真诚渴望。这种情况与缺乏动力或有抗拒心态不同。我们不愿行动，不是因为恐惧或缺乏能力，而是因为在内心深处我们知道这不是我们想要的，或是因为我们感到迷失了方向，或没办法换条路走。

当你发现自己反复纠结于一件事的时候，你必须要问问自己：***我是真心想要做这件事吗？*** 你是想要这份工作，还是只喜欢那个响亮的职位抬头？你是爱上了这个人，还是爱上恋爱的感觉？你依然在紧抓着一个过时的衡量标准不放吗？比如认定自己最大的成功就是做成某事，如果是这样的话，放下那个想法，你会有怎样的感受？

说到底，自我破坏行为有时候是来告诉我们，现在我们还没有走在正确的道路上，需要重新评估一下，再来决定做什么事能让自己感觉最好。即便这意味着我们会让某些人失望，或者失望的就是我们年轻时的自己。

当我们太过年轻，还没办法搞清楚自己是谁的时候，我们会以为某些成功标准就是最理想的。可是，我们没必要把后半辈子都耗在这些标准上。我们唯一的职责就是为当下的自己做决定。

如何解决

你要愿意接受这一点：或许你的"成功故事"已经跟以前设想的不一样了。

或许现在的你真正渴望的成功是每天都能感受内心的安宁，或是把旅行当作生活的重心，而不是工作。或许你渴望的是拥有健康温暖的友情，或幸福的爱情。或许你十年前进入了现在从事的行业，可你并不想以后永远做这一行。或许你以为自己会热爱某份工作，可后来才发现，这种热爱并不像你当初希望的那样来得那么自然。

放掉那些不适合我们的东西，就为真正适合我们的东西腾出了空间。然而，这么做需要莫大的勇气——我们需要把自恋放到一边，如实地看到事物本来的模样。

评 判 他 人

我们都知道，聊八卦或评判他人的生活和选择，不是跟别人建立联结的好方法，这么做既不健康，也不积极正向。其实，它的破坏力可比我们认为的强得多，因为它会阻碍我们自己取得成功。

如果"我不如某人过得好"的想法令我们感到不舒服，我们很可能会去努力寻找这个人的负面信息，好让自己心里好过一点。如果每次碰到比自己更成功的人，我们都这么做，渐渐地我们就会把"成功"与"不招人喜欢"联系在一起。当轮到我们自己采取行动、把人生向前推进的时候，我们就会出现抗拒心态，因为"过得更成功"会在我们的自我概念中划出一道缺口。

在另一些情况下，可能从小到大，你总能听见身边的人说"有钱人都是恶棍"。他们可能是这样说的："唷，有钱人最坏了。"或许他们把所有的富人都归为道德败类。这种过于一概而论的"脸谱化"在你的潜意识中扎根封存，如今，你发觉你正在破坏自己创造财富的行为，因为你把富裕与内疚和不招人喜欢关联了起来。

当我们设定标准去评判他人的时候,这些标准同时变成了我们自己也要遵守的东西。如果我们出于嫉妒去评判别人,那么我们对自己生活的破坏程度其实远远超过对别人造成的实际伤害。

如何解决

很多人说,你得先爱自己,然后才能去爱别人。实际上,如果你学着去爱别人,最终也就学会了爱自己。

用"不做预先假设"的方法来练习"不对他人做评判"。不再基于对他人的有限了解而下结论,换成这种想法:现在你并没有见到事情的全貌,也并不了解整个故事。

当你对他人的生活更有同理心,你对自己也就更有同理心了。当你看到别人拥有你想要的东西时,祝贺他们——即便一开始这样做并不容易。这种祝福会反向惠及你自身,帮你敞开心扉,迎接心愿成真。

骄　　傲

在我们许多最糟糕的决定中,往往都有骄傲的影子。

有时候,我们明知一段恋爱关系不对劲,可先离开的羞耻感比留下更糟;有时候,我们创立了一项事业,随后却发现并没有那么热爱它,要么就是不肯接受"需要改变的是我们自己"

的想法，或是不愿开口求助。在这些例子中，都是骄傲在挡道。我们做决策的基础是"我们认为别人会怎么看我们"，而不是别人的真实想法。这样做不仅不正确，而且也不健康。

如何解决

要放下骄傲，我们必须学着更加全面、更加诚实地看待自己。

无需再向身边的每一个人证明，我们是多么完美无缺，换个做法吧：我们可以更加现实地看待自己——虽然有缺点，但我们努力做到最好。说到底，由于在意别人的看法而牢牢抓着错误不放，这可比大方承认错误要糟糕多了，因为坦诚和放手才是对你有益的。如果你能够承认自己并不完美——就像每个人一样——但你在不断地学习、适应，并努力做到最好，人们反而会更加尊重你。

有了这样的态度，你就向学习彻底敞开了心怀。不再假设自己什么都懂，不再认为自己应该显得完美无缺，这样一来，犯错的时候你就可以坦然承认，需要帮助的时候也可以开口求助，有时候还可以借助他人的力量。从根本上说，你向成长敞开了怀抱，长远来看，你的人生会因此越变越好。

对成功感到内疚

在一个充斥着这么多痛苦、恐怖和不幸的世界里，我们怎么好意思过上幸福和丰盈的生活？

有这种想法的人不在少数。人们最大的心智障碍之一，就是在终于拥有了足够多的或超出所需的东西之后，感受到与之相伴而来的内疚。这种内疚感的来源可能有很多，但最终都凝聚成这样一种情绪：你"不配"拥有这些。

当我们开始挣到更多的钱或拥有更好的物品时，这种感受往往就会浮现。人们经常会用乱花钱或粗心对待客户和工作的方式来毁掉自己增加的收入，这是因为，当他们拥有的超过了基本必需时，就会感到不大舒服，于是他们就会把自己拉回到舒适的匮乏状态中。

不幸的是，与成功如影相随的内疚是一种非常普遍的情绪，对那些心地善良、想要做正确的事、过简朴生活的人来说尤其如此。

如何解决

你要认识到，绝大多数极为成功的人无论如何也不会感到内疚。实际上，这种内疚之情通常出现在从"不够"到"足够"之间的中间状态。

你要知道，金钱和成功都是工具。它们能帮你买回时间，并给你机会去帮助、雇佣、影响和改变他人的生活。不必再把成功视作阶层的标志——这往往会让你感觉很糟，很不自在——而是把它看成一个工具，有了它，你就可以在世界上、在人生中去做一些重要的、积极的事情。

害 怕 失 败

有多少次，我们因为害怕丢面子或马上失败，结果连试都不敢试？

想取得真正出色的结果，就要全力投入。当人们裹足不前的时候，背后的原因往往就是害怕失败。不过，它也有可能以另一种更加隐蔽的形式表现出来。当我们在生活中取得新进展时，这种恐惧会化身为一种持续的、没道理的担忧：担心自己"错过了重要的事"，担心伴侣出轨，或者担心自己一步走错，满盘皆输。

当我们想要保护自己、避免"可能会出现的"损失的时候，这种灾难性的想法就会出现。这往往意味着我们终于拥有了某些值得珍视的东西，并真心想要留住它们。

如何解决

世上有两种失败：一种是尝试了某种全新的、需要勇气的事情，但失败了；另一种是由于你不敢采取行动，或没能为自己的行为负责而失败。

这两种体验是非常不一样的，你需要把两者区分对待。

刚上手的时候，事情做得不够好，甚至还会蒙受损失，这种感觉确实挺可怕；可更糟糕的是，由于从不尝试和永远只敢迈小步而失败。失败是在所难免的，但你要确保它出自正确的缘由。

当我们因该做却没做而失败，这相当于退后了一步；当我们因大胆尝试新事物而失败，这就离成功更近了一步。

轻视自己的成功

我们之所以会轻视自己的成功，要么是想显得低调一点，这样别人就不会感到有威胁，因而更加喜欢我们；要么就是想要避开"我做到了"的感觉——因为我们害怕登上顶峰。

那么多人都热切地盼望着抵达的那一刻，终于把魂牵梦萦的成功握在手中，可真的得到之后，我们往往会随即感到，好像也没那么了不起，或是感觉并不像当初想象得那么好。

这是因为我们太轻视自己的成就了。"我做到了"的念头让人感到害怕：既然已经登上顶峰，那必然会跌落下来吧。如果我们承认自己已经抵达，那还剩下什么目标？这是一种近似于死亡的感受，于是我们转而寻找下一个目的地。

同样，与他人相处的时候，我们之所以不愿意流露出自豪感，是因为我们从小就被教育这样做不好（如果带着不健康的好胜心态，确实不好）。我们会觉得，由于自己取得了一定的成就，就比别人"高出一头"似的。这让人感到不大自在，因为我们知道，这种比别人强的想法并不厚道，而且我们心里也并没有真的这样想。

如何解决

既要赞赏他人的成就,也要为自己感到高兴。以后有人夸你的时候,别再谦虚啦,你可以这样回答:"谢谢你,我做得非常努力,很高兴能取得这个结果。"

如果心中的恐惧是担心过早"登顶",那么我们需要重构自己对进步的理解。变好的下一步未必就是再次变糟。得到一样东西之后,下一步未必就是失去它,然后被重新打回原点。这种所谓的直觉是一种自我破坏,它想把我们留在旧舒适区里。

相反,我们可以承认这一点:当生活中的一个方面变得更好,这种势头和能量就会扩散出去,惠及其他方面。取得某个成果之后,我们应对未来的能力就会变得更强。随着不断努力,生活会渐渐地越变越好,而变糟的原因只有一个:由于被自身的力量吓到,我们在取得某个成就之后就止步不前了。

不健康的习惯

自我破坏最常见的方式就是,抓着那些阻碍自己实现目标的旧习惯不放。

比如,有的人宣称自己想要更好的身材,可日常的生活习惯却一点儿不改;有的人想在工作上做出积极改变,结果却给自己挖坑使绊,让改变更难实现。

在这些行为的背后有一个共同的事实:我们内心的一部分知道,我们应当进化,应当向前发展,而心中的另一部分却察觉到，改变可能会带来不舒服的感觉，于是就畏缩不前了。一般来讲，当内在的紧张感与挫折感积累得太多，以至于到达极限的时候，冲突就此告终，改变从此发生。

然而，不是非得等到"危机爆发"，才能恍然大悟——发觉阻碍自己过上安适生活的人正是自己。

如何解决

用你自己的方式给健康下个定义。在你看来，健康的生活是什么样子？它会让你有什么感受？你会做什么事？

要参考别人的定义是很难的，人跟人不一样，各自的需求、偏好、要做的事都不同。

所以，仔细想想哪些事能让你感觉最好。选出最适合自己的健康饮食、锻炼方式、睡眠时段，把它们组合在一起，坚持做下去。就像很多事一样，健康的习惯最好逐渐养成。别逼着自己一大早六点钟就去健身房锻炼一个小时，先试试运动十五分钟，或者选一个你真心喜欢的健身课程，或是在最适合你的时段去锻炼。

做好安排，让这些事更容易做到。预先把饭菜准备好，或是在案头放好水杯，方便随时喝水。慢慢调整，让自己爱上健康的生活习惯，这对你的生活方式真的有好处。

忙 个 不 停

另一个常见的自我破坏方式就是用忙碌来分散自己的注意

力,直到彻底失去生活。

总是忙个不停的人都在逃避自我。

"忙得要命"都是自找的,那么多日程表排到爆满的人永远不会用这种词儿来形容自己。这是因为忙碌不是美德,它只是一个信号,表明你不知道该如何妥善管理自己的时间或事务。

忙个不停的人其实是在彰显自己很重要,而且忙碌往往会给别人留下一点"高高在上"的印象。忙碌还能让身体满负荷运转,把精力全部集中在手头的事务上,无暇顾及其他。忙个不停是一种终极的分心方式,让我们得以避开真正的问题。

如何解决

如果你的日程表是一团乱麻,就永远不可能发挥出最大潜力来高效做事。如果你遇到的是这种情况,首要的任务就是精简日程表,把要做的事情按照重要程度排出次序,将所有能外包的都外包出去,余下的就随它去吧。

如果是你自己在有意制造毫无必要的忙乱,那么你需要学习简洁和有规律地做事。从这里开始:列出你每天要完成的最重要的五件事,然后集中精力去做,并且只做这几件事。

你可能还需要面对忙碌带给你的"保护感"。它让你觉得自己比别人更重要吗?它给了你对某些事情说"不"或避开某些人的借口吗?你需要找到更健康、更有效的办法来应对这些感受,比如通过创造令你自豪的东西而找到真正的自信,或是在人际关系中能更加平静但清晰地设定界限、表达需求。

把时间耗费在错误的人身上

身边的人会对我们的生活产生极大的影响,这是千真万确的。和错误的人待在一起,是一个很常见的自我破坏方式。

在你认识的人里,肯定有这样的人吧:他们让你倍感压力,没有安全感,却一再回来找你索取更多。这种人际关系的"毒性"级别不算太高,可它依然属于自我破坏。

如果某段友情或恋情让你感到,你几乎沉溺在了"我不如你"或"我妒忌你"的情绪中,那么你需要想办法逐步摆脱它。不必用刻薄、粗鲁的方式,也用不着断然绝交。

可是,你确实需要明白一点:与你长时间相处的人必然会塑造你的未来,因此你必须做出明智的选择。

如何解决

花心思建立一个能够支持你、启发你、激励你的人际圈子,这些人应该和你有相似的人生目标,并且喜欢和你待在一起。和他们相聚过后,你会感到能量满满,充满希望,而不是筋疲力尽,气不打一处来。

找到这样的朋友是需要时间的,不一定能立刻实现。你可以先邀请某个你很钦佩的人出来喝杯咖啡,或是约一位很久不见的老朋友一起做点什么。缓慢但真诚地重新建造你的人脉网,然后尽可能地维护好它。

杞人忧天

另一个相当常见却不自知的自我破坏行为就是心中充满恐惧，害怕某种最糟糕的事情会发生。

你大概很熟悉这种感觉，最起码多多少少体验过：脑子里浮现出一种怪异的，或相当匪夷所思的念头，它激发出你深深的畏惧和担忧，让你想象出一连串"世界末日"般的情景。你不断地回想这种感受，它甚至控制了你一部分的生活。

非理性的恐惧，尤其是最不可能成真的那种，往往是真正的恐惧在外部世界的投射。

这些非理性的恐惧是"安全"的，因为在内心深处我们知道这些事不可能发生。它们就像替身一样，让我们把真实的情绪借由这些明知不会发生的事表达出来。

如果你发觉自己陷入一种恐惧的怪圈，总是反复出现某种成真概率极低的胡思乱想，那就问问自己，这些想法背后是否存在某种相关的、确实合理的情绪。

比方说，如果你对坐汽车感到焦虑，想想看，你真正的恐惧会不会是"前进"或"失控"。或者，如果你总担心被解雇，或许真正的恐惧是你认为自己不够有价值，很难再找到其他工作，或者是你曾经遭遇过上司的羞辱。

如何解决

你企图掌控某些最糟糕的情境,但是,别再把全部精力耗费在这上面了。换个角度,仔细想想这种恐惧传达的信息是什么,或者说,它想告诉你,你的生活中需要什么。

如果这种恐惧是个抽象的隐喻,它的含义是什么呢?比如说,你担心到手的收入突然损失掉,这是不是意味着你对安全感的渴望?你对未来感到恐惧,这是不是意味着此时此刻你没能全身心地投入生活?你对做决策感到焦虑,这是不是意味着你其实知道自己真正想要什么,却没勇气做出选择?

在最深的恐惧中,隐藏着我们想要传达给自己的信息,即我们真正看重的是什么。如果我们能认清自己想要保护的是什么,就能找出更健康、更安全的应对办法。

如何判断自己是否陷入了自我破坏的循环

即便你能从认知层面了解自我破坏是怎么回事,有时候,最难的转变是认识到自己已经身陷其中。

事实上,自我破坏的迹象有时候极为隐晦,很难察觉。往往要等到问题变得严重,或是由别人指出来,我们才注意到。某些最明显的自我破坏的表现是:

你更清楚"我不想要什么",而不是"我做了什么"。

你把更多的时间花在担忧、纠结和关注那些你不希望发生的事情上,而不是去设想和筹划自己该做什么。

你把更多的时间用于博取不喜欢你的人的注意,而不是跟喜爱你的人相处。

你的关注重点是让假想敌对你艳羡不已,而不是做一个"被家人和朋友真心喜爱,无论如何都会把他们摆在第一位"的人。

不愿面对真相。

你不了解生活中的基本事实,比如自己的负债有多少,同行业中相似职位的人能挣多少钱。万一遇到争执,你会躲开,直至忘掉争端,而不是跟对方讨论哪里出了问题,并找出解决方案。换句话说,你处在否认模式中。如果是这样,一切疗愈的希望都是徒劳。

你更加在意的是让别人相信你一切都好,而不是让自己确实感觉良好。

你喜欢晒出美照,显出一副正在享受快乐时光的样子,而不是认真想想自己是否真的享受这段时光。你花了很多力气去说服别人相信你过得很好,而不是坦诚面对自己,并与那些能够帮助和支持自己的人建立联结。

你人生中的头等大事是赢得别人的喜欢，即便代价是牺牲自己的幸福。

你在意的是自己的行为能不能得到"别人"的认可（顺便问一句，这"别人"究竟是谁呢？），而不是自己是否能获得成就感和满足感。

你最惧怕的不是别的，正是自己的情绪。

如果你最大的恐惧是不知道你有没有能力处理自己的情绪，那么你人生路上的障碍就是你自己了，而不是其他因素。

盲目地追求目标，却不曾问问自己为什么想要它。

如果每一件"该做的事"你都做了，可一天下来却感到空虚和低落，那么问题多半出在这里：那些事并不是你真心想做的，你只是接受了别人写的幸福剧本。

把应对机制当成问题本身。

别再为努力戒掉坏习惯而在内心掀起争战了——无论是暴饮暴食、乱花钱，还是酗酒、沉迷性爱，但凡是你认为需要改正的都算数。相反，问问自己，这些行为是在满足哪些情绪需求？直到你问出这个问题，你内心的争斗才会止息。

认为心中的疑虑比自己的潜力更重要。

消极偏误[1]让我们相信,"坏事"比好事更真实。除非我们能不断地主动觉察这种倾向,否则它会让我们以为,我们害怕成真的那些事情比已经发生了的好事更真实。

试图做好每一件事。

意志力是有限的,一天里的"定额"只有那么多。与其用上意志力,力求面面俱到,不如想清楚哪些事情对你最重要。把注意力集中在这些事上,其余的就随它们去吧。

等待别人的允许、肯定,或是把你一直期待的理想生活递到你手上。

从小到大,我们总有种误解,以为成功就像是一种现成的东西,可以直接递送到那些最有天赋、最值得成功或最有特权的人手上。然而,等到终于抵达成功的彼岸,我们才意识到,它是被人一点点构筑起来的,取得成功的那些人都发现了自己的兴趣、激情、能力与市场需求的交叉点。多付出点耐心吧,通往失败的唯一路途就是放弃。

---

[1] 即 negativity bias,也译作"消极偏见"或"负面偏见",指的是比起积极正面的信息,人们会更倾向于关注负面信息。

没有意识到自己已经走出了多远。

你已经不是五年前的那个你了。你会随着你的自我意象发展进化，所以要确保它的清晰和准确。对每一个你从没想过自己能迈过去却真的迈过去了的坎儿，对每一件你从没想过自己能做成却真的做成了的事儿，都好好地赞扬和鼓励一下自己吧。你走过的路程比你以为的远了太多，你离目标的距离也比你意识到的近得多。

看清隐藏在潜意识里的需求

我们之所以时常经历激烈的内在冲突，或做出自我破坏的行为，部分原因是一个叫作"根本动机"的东西，本质上，它就是你人生中首要的目标或意图[5]。

隐藏在潜意识里的动机基本上就是你最渴望的东西，其他的一切都比不上它，然而你甚至没有意识到它的存在。你可以这样来识别它：认真审视那些你最抗拒的事，以及最能赋予你动力的事。一层层地剥开你对这两类事情的动机，最终你会发现位于最底层的、最根本的理由。当你找到那个存在于一切事情背后的根本理由，你也就找到了"根本动机"。

对于人们那些看似毫无道理、不可预测的行为，当你明白了他们内心深处最根本的动机，一切都有了解释。

比如说，如果某人的根本动机是"追求自由"，他可能会发现，为了得到自由，他正在毁掉自己的工作机会。如果某人的根本动机是"被别人需要",他会发现自己总是重复相似的恋爱模式:和对方的关系非常亲密，但由于害怕爱的火花会熄灭，所以不敢许下承诺。如果某人的根本动机是"掌控生活",面对那些代表着"失控"的事物，他会感到不合理的焦虑。如果某人的根本动机是"被爱",在生活中的某些领域，他可能会装作弱小无助，这是因为，如果他不再需要别人，别人就有可能离弃他。

但最重要的是，你要明白，根本动机其实是一种掩饰——它掩饰的是你的核心需求。核心需求与根本动机就像硬币的正反两面。而且，看清自己的核心需求，也就找到了自己的人生使命。比如，如果你潜意识中的根本动机是"掌控生活",那么你的核心需求其实是"信任"。如果你潜意识中的根本动机是"被别人需要",那么你的核心需求是"知道自己是被需要的"。如果你潜意识中的根本动机是"被爱",那么你的需求其实是"爱自己"。

你的核心需求越是得不到满足，外在症状就表现得越明显。

如果你的需求是"信任",你一心想要掌控生活中的每一件事，那么你越是不相信自己能得到支持，你的负面应对机制就越有可能突然爆发，表现形式有可能是糟糕的饮食习惯、自我封闭，或是对外貌极度执迷。如果你的需求是"拥有人生的自主权",那么你的根本动机就是"追求自由",你越是不曾按照自己的心愿来构筑人生，在你"理应"感到幸福快乐的时刻，你就越有可能毁掉它，同时感到深深的空虚与疲惫。

核心需求被满足得越充分，外在症状就消失得越彻底。

一旦理解了一个人真正想要什么，你就能解释那些错综复杂的习惯与行为，也能预测出他在任何情境下的行为，连细节都能说准。更重要的是，一旦你开始自问"我真正想要什么"，就可以不再跟表面上的症状纠缠对抗，而是开始面对真正的问题——在你的人生中，自始至终真正存在的其实只有这一个课题，即活出一致性：充分满足你的核心需求，围绕它构筑你的整个人生。这个课题，就是你的核心使命。

直面被抑制的情绪，并采取行动

明白我们为什么会自我破坏，和不再做出自我破坏的行为，这两者是有区别的。

这意味着，一旦理解了自我破坏的根源和目的，我们就要采取行动，去调整、去改变。想要停止自我破坏，不仅要理解为何你会阻挡自己的道路，你还需要行动起来，朝着自己想要也需要去往的那个方向迈步向前——哪怕在一开始会让你感到不舒服，或是会触发你的情绪和反应。

这是整个过程中极为关键的部分，因为你将会直接面对内心中的某些情绪，而一直以来你都在尽力逃避它们。

当你不再做出自我破坏行为，那些被抑制的情绪——你甚至从没意识到它们的存在——将会浮出表面，你的感觉甚至会比之前更糟。

关于停止自我破坏，有一点非常重要：我们往往并不需要让别人来告诉我们该怎么做。我们知道自己想要做什么，也知道自己需要做什么。之所以没有采取行动，纯粹是因为对情绪的恐惧拖住了我们。为了逐渐看清这个情绪拖累模式，我们可以运用下面的方法，在改变人生的过程中寻获更多的轻松、空间与自由。

停止自我破坏后，最有可能浮现的情绪

你最先遇到的多半就是"抵触"。这种感觉就是大家常说的"被卡住了"，好像动弹不得，或者是你感到身体变得非常紧张，几乎僵硬起来。总之，你就像撞上了一堵墙，没法往前走。这种感觉通常是一种表面上的掩饰，阻止你去真正觉察那些深层的、更加严峻的情绪问题。

感受到抵触情绪的时候，不要简单粗暴地把它"推一边去"。实际上，这么做只会让你继续撞墙。你会加剧自我破坏，因为忽视问题是没法真正解决问题的。

相反，你需要问出正确的问题。

我为何会有这种感受？

关于我想采取的这个行动，我现在感受到的情绪想要告诉我什么？

这里是不是有我需要学习的东西？

此刻，我需要做些什么来认可和满足我的需求？

接下来，你需要与自己的人生愿景重新建立链接。想清楚自己为什么想采取这个行动，为什么想做出改变。你想要过上与之前不一样的、更好的生活，当你的动力来自这个事实的时候，你会发现，大量的抵触情绪消失不见了，这是因为愿景在驱动你，而愿景的力量比恐惧强大得多。

在另一些情况下，你可能会感受到其他情绪，比如愤怒、悲伤，或是信心不足。当这些情绪浮现出来的时候，你要给它们腾出空间，这非常重要。也就是说，允许它们在你身体中升起，并且观察它们。感受自己的身体，看看哪个部位感受到了压力，或是变得紧绷。去感受它们想要让你感受的东西。最糟的莫过于不敢去感受情绪，说到底，情绪往往只是一种身体上的紧张感，在紧张感的背后，关联着某段旧时故事。

请记住，此类情绪很可能源于某些与自我破坏相关的事。如果父母当年对待你的方式令你感到愤怒，那么，在"主动破坏亲密关系"这个自我破坏行为的背后，隐藏着愤怒和不信任的核心情绪，也就不足为怪了。与自我破坏相关的情绪一般都不是随机的。事实上，它们能引领我们做更加深入的洞察，去探寻我们真正需要的是什么、我们内心依然没有解决的问题是什么。

一旦你觉察到了这些情绪，为了彻底放下它们，试着给自己写封信吧。给年轻的自己写封信，或者以未来的自己的视角来写。抄录一些箴言或金句。提醒自己，你非常爱自己，所以不会再勉强接受不够好的东西；遇到不公平或让人有挫败感的事情时，你完全可以生气。给自己留出空间去体验情绪的深度，这样一来它们就不会去控制你的行为了。

切断行为与情绪的关联

战胜自我破坏最后也是最重要的一点就是学会切断行为与情绪的关联。

我们之所以在生活中裹足不前，并不是因为没能力做出改变，而是因为我们不愿意改变。

事实真相是，你能够描绘出清晰的愿景，知道自己想要什么，也知道哪些东西毫无疑问是适合你的，可就是不愿意采取必要的行动。

这是因为我们的情绪和感受生来就是和"舒适系统"紧密相连的。当我们做着之前做过很多次的事情，也就是待在熟悉的感受里时，这个系统就会产生"良好的感觉"。我们的身体将这种感受标记为"安全感"。在另一些情况下，我们很乐意做出改变，愿意去追求某个目标，这是因为我们知道这会给我们带来更多的安全感。如果这个目标很可能会让我们冒风险，或是让我们置身于某种不熟悉的情境中，那么刚开始的时候我们肯定不大情愿——即便这件事给我们带来的只有好处，没有坏处。

然而，我们确实可以训练自己去喜欢那些对我们有益的行为。这样我们就能重新构建舒适区。我们总是很愿意做那些重复过多次的事，可最初做这些事的时候，我们往往也会感到不舒服。秘诀就是驾驭最初的犹豫感，这样我们就可以用逻辑和理性来指导自己的生活，而不是用情绪。

虽然你的情绪往往都是非常正当、非常合理的，也需要得到你的认可和接纳，但它们从来都不是准确的衡量标准——它们没法告诉你，你在人生中能做到什么，而且它们往往也不是现实的准确映像。你的情绪只知道你曾经做过什么，而且它们深深地依恋着那些曾经让你感到舒适的事物。

你可能会感到自己毫无价值，但事实肯定不是这样。你可能感到生活毫无希望，但肯定还有希望。你可能感到好像每个人都不喜欢你，但这个结论多半过于夸张。你可能认为每个人都在评判你，但这是一个错误的印象。

最重要的是，你可能会感觉到自己就是没办法采取行动，但你肯定有办法。你只是**不**愿意去做而已，因为你还不习惯。

如果让理性和愿景来引领我们，我们就可以获得不同以往的、更好的人生体验。这样畅想的时候，我们心中会感到平和与安宁，还会跃跃欲试，干劲满满。为了努力实现这个更高版本的人生图景，我们必须克服心中的抗拒与不适——刚起步的时候，我们的感觉不会很好，无论这些行动对我们的好处有多大。

别想那么多"愿不愿做"，先做起来再说——学会这一点至关重要。行动会累积能量，创造出动力。这些感觉不会自动自发前来找你，你需要创造它们。你需要给自己加油鼓劲，需要先动起来。先迈出第一步，然后允许生命和能量自动调整方向，渐渐喜欢上那些能将生活向前推进的行为，而不是那些一直拖累你的行为。

第 3 章

情绪触发事件是指向自由的路标

既然你已经发现了自己有哪些自我破坏行为，现在你可以用它们来揭示更深层、更重要的事实真相了：你是谁，从人生中你真心想要得到什么，也需要得到什么。

这一部分极为重要，因为想要战胜自我破坏，我们不仅需要去了解它们，明白我们为何要做出那些行为，还要更加深入地了解我们的内在需求是什么，我们真正渴望的是什么，如何把这些需求与渴望当作核心基点，围绕它们逐渐建立起一个内外一致的人生——活出真实的自我，完成我们此生的使命。

那些容易触发负面情绪的事件，不只是要告诉我们未能解决的痛苦存储在哪里，事实上，它们告诉我们的东西要深层得多。

我们体验到的每一种"负面"情绪都携带着信息而来，只是我们还不知道该如何解读它们。于是，问题开始不断重演，一次性的小挑战变成反复出现的大难题。由于没能力接受情绪并利用它的指引，我们就把它封闭在身体中，并且竭力回避一切有可能再次触发它的事件。此时，我们对身边的世界变得十分敏感，因为心中有许多被压抑的情绪堆在那里，越积越高。

表面上看，毛病好像出在那些触发情绪反应的事件，但真相并非如此。真正的问题在于，我们不知道该如何应对这些感受，即缺乏相应的情绪处理能力。

如果能够看清某个事件为什么会触发情绪，我们就可以把这种体验用作催化剂，帮助我们放下情绪，推动生活朝着积极的方向前进。

如何解读负面情绪

哪些事件会触发情绪反应，这是因人而异的。话虽如此，更好地理解某些不招人喜欢的情绪有何功能，对我们会大有帮助。

对于那些与自我破坏关系极其密切的情绪，深入理解它们真的非常重要。单凭"熬过去"可不行，关键是要仔细倾听它们要对我们说什么。

愤怒

愤怒有时是一种美好的情绪，它能强有力地改变一个人。但与之相伴的暗影，也就是攻击性，会导致人们对它的误解，因此我们总是想要抗拒它。

感到愤怒是健康的，愤怒还能帮我们了解自己是谁，我们重视什么。例如，愤怒会告诉我们，我们的边界在哪里。愤怒还能帮我们发现哪些事情令我们感到不公平。

归根结底，愤怒想促使我们采取行动。愤怒能有力地改变一个人，我们往往是先到达愤怒的顶点，然后才开始真正动手去改变生活。这是因为愤怒本不该投射到他人身上，相反，这股澎湃的动力是来帮助我们的，促使我们去改变生活中需要改变的事情。如果我们没能从这个角度看待愤怒，就很容易把它深深埋藏起来，不去解决手头真正的问题。此时，愤怒开始变得有攻击性——我们没能把它作为动力去改变自己，反而把这股能量发泄到了周围人身上。

不必害怕愤怒。相反，我们可以在它的帮助下，更加清楚地看到自己的局限和心中的优先次序。我们也可以借助它来做出重大的改变——为了我们自己，也为了身边的世界。

悲伤

如果你失去了十分珍爱的东西，感到悲伤是正常的，也是正当的。

这种情绪经常会在失望的余波中浮现。失去的可能是爱情、工作，或只是一种总体上的想法，比如认为自己的生活本该是某种样子。

悲伤是情绪发展的自然阶段，当我们不允许自己充分地、完整地体验它的时候，悲伤才会成为问题。悲伤不是一下子就能释放完的。事实上，我们经常会发现，它就像一波又一波的浪潮，有些浪头会猝不及防地拍在我们身上。

如果你想哭，感到情绪低落，或是想念那个你不再拥有的东西，不必感到尴尬，也不要觉得这样做不对。事实上，适时地哭泣，正是心理强大的鲜明标志，因为挣扎无措的人往往很难释放自己的情绪，也不敢显露自己的脆弱。

内疚

当我们感到内疚的时候，更常见的情况是由于我们没有做什么，而不是我们做了什么。事实上，最受内疚感折磨的人都没有真正做过糟糕的事，而作奸犯科的人一般不大会感到懊悔。你差点就做了对别人不好的事，因此你感觉很糟，这本身就是好心肠的表现啊。

不过，如果感受到了内疚，我们就需要深入检视那些令我们感觉很糟的行为（如果真做了的话），以及那些对我们不太有好处的行为。如果我们确实不公平地对待了别人，那就要勇敢承认、去道歉，并且纠正自己的做法。但是，如果心里的内疚感很宽泛，跟具体的事情并不相关，我们就需要认真地思考一下，看看是谁或是什么让我们总是感到自己是"错的"，或是总觉得自己会给别人带来麻烦。

当我们感到自己好像是身边人的负担时，这种内疚感往往是从孩提时代就产生了,而现在我们把它投射到了当下的情境中。

尴尬

当我们知道自己没能用令人自豪的方式行事,此时我们感受到的就是尴尬。

最能让我们感到尴尬的莫过于我们自己,其他人可没这个本事。当你打心眼儿里彻彻底底相信自己已经充分利用现有的资源做到了最好,你是不会感到尴尬的。没错,旁人的评论或看法也会让你感觉很糟,可是当我们接纳了自己并感到自豪的时候,即便是最刺耳的评判也会失去威力。

羞耻感是尴尬情绪的暗影。尴尬是一种自然的、偶发的感受,可当这种感受令我们体无完肤地谴责自己的为人,开始认为自己毫无价值、毫无能力的时候,羞耻感就出现了。

如果我们没有妥善地处理尴尬,它就有可能演变成某种黑暗得多的东西。

嫉妒

嫉妒是一种有"障眼法"的情绪。它呈现出来的是愤怒或评判,可实质上它是悲伤,是对自己的不满。

如果你想知道自己真心想要什么,就去看看你嫉妒的人。这倒不是说你想要的恰好就是他们拥有的那些,分毫不差,而是说，你体验到的感受其实是愤怒——他们允许自己去追求那样东西，而你却没有。

当我们借助嫉妒去评判他人的成就时，我们便滑入了它的暗影。当我们借助嫉妒看清我们想要取得什么样的成就时，我们开始辨认出自我破坏行为，并做好准备，一心一意去追寻自己真正渴望的东西。

你可以从这个角度来看：如果我们看见别人拥有一个我们真心想要的东西，但我们把追寻它的渴望给压下去了，那么我们肯定会认为这样东西本身就不好，这样就可以为自己的行为开脱。其实我们应该思考的是，我们想要创造出什么。

怨恨

当我们怨恨他人的时候，往往是因为他们没能满足我们心目中的期望。

从某种程度上看，怨恨就像是被投射出去的懊悔。它想告诉我们的，好像不是我们自己需要做出什么样的改变，而是他人应该做出怎样的改变。然而，别人没有义务按照我们的想法生活。事实上，唯一的问题在于，我们有种不切实际的期望——某人应该是我们设想的那个样子，或者应该按照我们想象中的方式来爱我们。

面对怨恨，我们需要做的是重新绘制他人在我们心目中的形象，这些人可能是我们身边的人，也可能是我们认为对我们有所亏欠的人。他人之所以出现在我们的生活中，不是为了来毫无保留地爱我们，而是来教我们功课的——告诉我们如何更好地爱他人，以及更好地爱我们自己。

放下"他人应该是什么样子"的执念，我们就能够看到他们真实的模样，以及他们本该在我们生活中扮演的角色。不必再把关注点放在他们该如何改变上，相反，我们应该关注的是我们能从中学到什么。

懊悔

和嫉妒很像，懊悔要告诉我们的不是"在过往我们本该做什么"，而是"未来我们一定要创造什么"。

事实真相是，绝大多数人懊悔的多半是他们没做什么，而不是做了什么。这不是巧合。懊悔情绪的意图，并不是想让我们感觉很糟糕，为了"之前为何没有尽力去做"而后悔不迭；它想做的是给我们动力，让我们在未来好好做，尽力达成自己的期望。它想要告诉我们，未来有哪些事亟待改变，在走到生命终点之前，我们真心想要体验什么。

年轻时没能四处旅行？懊悔在说，你现在该去了。没能变成自己想要的样子？懊悔告诉你，你需要再努力点。之前做出的选择没能体现出最好的自己？懊悔告诉你，现在你应该做出不同的选择。当初有机会的时候没能好好去爱一个人？懊悔告诉你，现在你该珍惜身边人。

长期存在的恐惧

如果我们心中总是反复出现恐惧的念头，这通常不是因为面前存在真实的威胁，而是因为我们的内在反应系统发展得不够完善，或是创伤迫使它关闭了。

当我们处于"恐惧思维模式"中，重点不在于我们害怕的是什么，因为恐惧的对象会变来变去，但这种思维模式始终存在。在这个模式中往往包含着某种隐喻，例如，我们可能害怕某种终极的"失控"，或是害怕某些外部力量会毁掉我们取得的成果。

无论念头本身是什么，长期存在的恐惧思维模式往往源自这种想法：我们认为有必要把精力和注意力聚焦在某种潜在的威胁上，这样就可以保护自己，免受它的伤害。在想象中，如果我们担忧、焦虑，或感到气愤，它就会留在我们的意识范围之内，因此就不会吓到我们，我们也就多少对它有点掌控力吧。

可是，把这些令人恐惧的念头留在心里，恰恰就是恐惧控制我们的方式。它在破坏我们的生活，因为我们把精力投注在无法控制的事情上，而不是用在我们确实能够掌控的事情上，比如那些能够切切实实地把生活往前推进的习惯和行为。

从这个意义上说，我们害怕的东西其实就是已经发生的事情的投射。

想要摆脱这种长期存在的恐惧，真正见效的方法只有一个，那就是接纳它。别再跟那些无法掌控的事情较劲，别抗拒，也别逃避。相反，我们可以学着耸耸肩，说一句：这事如果真的要来，那就来吧。当我们能够耸肩、大笑，甚至摊开手说"无论怎样，都会没事的"，就在这一秒，我们立即收回了所有的力量。

恐惧之火之所以能够熊熊燃烧，是因为我们有这种想法：如果接纳了那些令人感到恐惧的事，不就等于向最糟糕的潜在结果屈服了吗？事实真相是，当我们停止恐惧，不再害怕那些没法控制的事情，并且想清楚一个道理——是我们自己在用那些负面的、非理性的、令人心烦意乱的念头破坏我们的生活，其他任何因素的破坏力都比不上这个——在这一刻，我们就彻底自由了。

当我们充分地接纳了恐惧，它就离开了我们的意识，变成一个无足轻重的东西。正是在此刻，我们意识到，其实它向来就无足轻重啊。

看见自己的需求

眼下最困扰你的，并不是那些磨人的外部力量，而是你的内心。它不断地寻找、辨认，找出你的生活中有哪些地方需要修复、改进或彻底转变。如果你依然不采取行动，警报声只会调高一点点，如果你始终不去学着倾听它，你们之间的联结可能会彻底断裂，你就要付出代价了。

你已经知道答案。你已经知道自己此生为何而来。你来到这里，是为了创造出一切能令你感到幸福的事物，甚至比你能想象到的更加幸福。要做到这一点，你只需要让思绪完全沉静下来，这样你才能够感受到自己无穷无尽的潜力，它们正在恳求你看见它们、使用它们。

世上并没有自我破坏这回事，这是因为，你认为那些行为是在拖累你，但它们其实是在满足你的需求。解决办法不是竭力把这些需求推开，而是看见它们真实的模样，随后找到一个更好、更健康的方式去满足它们。

在当今这个时代，总有人宣扬，一个人应该做到彻底的"自给自足"，想要或需要他人的陪伴或认可，都是能力不足或不够强大的表现。可是，这种观点没有准确地描绘出真实的人性，而且严重忽视了人的天性，以及对联结的需要。

尽管有不少人确实过于依赖他人，仰仗别人给自己带来安全感和自我感，但是，走向另一个极端，即认为自己不需要任何人、一切事情都能靠自己，同样是不健康的。这两种截然相反的态度其实是一体两面，都源自同样的创伤：缺乏信任，也缺乏与他人建立联结的能力。

你想要被别人认可，这个需求是正当的。

你想感受他人的陪伴，这个需求是正当的。

你希望别人需要你，这个需求是正当的。

你想要拥有安全感，这个需求是正当的。

我们之所以会忽视这些根本需求，首要原因是我们认为有这些需求就意味着弱小。这是因为，小时候我们确实只能仰赖别人来满足我们的根本需求。可最终我们总会失望，因为别人没办法满足我们的所有需求，并且也没有责任这样做。随着渐渐长大，我们学会了自给自足。事实上，依靠自己的能力来满足基本需求，这是一个人成长发展的重要阶段。

同样，认识到下面这一点也很重要：我们也不能单凭一己之力，满足自己的每一个需求。

人类天生就需要与他人和群体建立联结，这就是为什么我们要以小团体的形式生活，比如家庭和社区。一般来说，服务于更崇高的利益时，我们感到最为幸福、最有成就感。这是我们本性中非常基础也非常健康的部分，而且这不是弱小的象征。

除了上述需求之外，你对财务安全的需求也是健康的，这未必等于你贪婪或心眼坏。你希望自己的工作得到认可，这个需求也是健康的，这未必等于你是个虚荣的人。你想要住在一个自己喜欢的地方，这个需求也是健康的，这未必等于你不懂得感恩已经拥有的东西。

潜意识在努力地跟你沟通

自我破坏中蕴含着不可思议的智慧。它不仅能告诉我们，我们曾经受到的创伤是什么、当初是如何受伤的，它还能让我们知道，我们真正需要的是什么。在每一个自我破坏行为中都深埋着解锁的钥匙——只要我们能先理解它的含义。

以下就是一些简短的例子，让我们来看看潜意识是如何努力地通过自我破坏行为来跟你沟通的。

你的自我破坏行为：回到跟你分手的人身边。此人有可能是一位"柏拉图"式的朋友，但绝大多数情况下是你的前任恋人。

潜意识可能想告诉你的：或许你该仔细想想童年时期你与身边人的关系。如果你在令你伤心的人身上得到了某种抚慰，或感觉到吸引力，这背后往往是有原因的。

你的自我破坏行为：总是吸引到那些内心破碎，以至于不敢许下承诺的人。

潜意识可能想告诉你的：你并没有那么不堪，以至于找不到想真心爱你的人；当你意识到自己是有价值的，理当获得对方的承诺，你就能选中这样的伴侣了。

你的自我破坏行为：虽然没有哪里不对，但你还是觉得不快乐。真的，你已经得到想要的一切了，可为什么还会有这种感觉呢？

潜意识可能想告诉你的：你多半是在期待外部事物带给你幸福，而不是去改变自己的思考方式和关注点。没有任何外在成就能带给你真正的、持久的内在宁静，你的不适感正在提醒你发觉这一点。

你的自我破坏行为：推开别人。

潜意识可能想告诉你的：你太希望别人爱你、接纳你了，这种渴望产生了巨大的压力，于是你把自己与"得不到爱与接纳"的痛苦隔绝开来，可是，这样恰好创造出了你竭力想避免面对的现实。另一种可能是，特别渴望独处，往往意味着"在别人面前的你"和"真实的你"之间存在巨大差异。当你能以更加真实的样貌面对生活，交朋友就会变得容易起来，因为你不必再花那么大力气去假装了。

你的自我破坏行为：不假思索地认为你的想法和感觉是真实的。

潜意识可能想告诉你的：你想要焦虑，想要担忧，因为这样做让你感到舒适，进而觉得安全。你越是盲目地相信每一个随机产生的念头、每一种流经你身体的情绪，就越是容易胡思乱想。你必须要学着稳定心神、理清头脑，理智又踏实地面对事实真相，还要能分辨出哪些东西对心智有帮助，哪些没有。

你的自我破坏行为：明明不想吃，可还是暴饮暴食。

潜意识可能想告诉你的：你做事太辛苦了，或是没有休息够，营养也没跟上。你几乎耗到了极限，因此身体要求你不断地"投送燃料"。还有一种情况是，你在情绪方面很"饥饿"，你渴望某种真实的体验，却没让自己去尝试，于是就得用另一种方式来满足这种饥饿感。

你的自我破坏行为：明知某项工作会推动事业向前发展，可你就是没做。

潜意识可能想告诉你的：关于"想做什么"这个问题，你可能并不像自以为的那样，想得那么清楚。如果你的做事状态不是顺畅流动的，背后肯定有原因。别再逼着自己往前推进，一遍又一遍地撞同一堵墙，相反，往后退一步。或许是时候重新布局、重新思考策略了，或许你需要非常认真地想一想，为什么要朝着这个方向走。有些事情确实需要改变，但多半不只是动机问题。

你的自我破坏行为：工作过度。

潜意识可能想告诉你的：你太想证明自己的价值了，但你不必这样做。不过，有件事你必须要做：停下来，别再逃避"单独面对情绪"带来的不适感。这种不舒服的感觉往往就是人们工作过度的肇因。充满激情地投入一件事，和非得把别人都比下去不可，这两者完全不同。一个是健康的，另一个不是。

你的自我破坏行为：太在意别人的看法。

潜意识可能想告诉你的：你并没有自认为的那么快乐。你越是幸福快乐，就越不会在意他人的看法。别再琢磨别人是否认为你过得足够好，相反，停下来问问自己：*我觉得现在的生活足够好吗？* 当你不通过别人的眼睛来审视自己的生活时，你的真实感受是什么？

你的自我破坏行为：大手大脚，乱花钱。

潜意识可能想告诉你的：身外之物不会让你感到更安全。新生活或新自我不是靠花钱买来的。如果你花到超支，或是经常买到入不敷出，以至于到了危险的地步，你需要好好想想，购物在承担什么功能。它是个消遣吗？是某项嗜好的替代品吗？还是因为你沉迷在某种"焕然一新"的感受中？想想自己真正的需求是什么，然后从这里起步。

你的自我破坏行为：总是回想起已经结束的恋情，或是持续关注前任的状况。

潜意识可能想告诉你的：这段感情对你的影响之大，远远超过你允许自己相信的程度。这个结局对你的伤害比你以为的要深，而你需要好好处理这个问题。你依然牵挂那个人，这意味着在你们的关系中依然留有悬而未决的东西。你需要给自己一个"了结"或交代，好让自己接受这件事确实已经结束了。

你的自我破坏行为：朋友们总是令你感到，你在与他们一争高下，而你总是选择这种朋友。

潜意识可能想告诉你的：你想要感受与他人的联结，但"我比你强"的竞争心态没法帮你做到这一点，然而我们常常会把两者混为一谈。我们之所以会这样做，并不是真的想高人一等，而是因为我们想要显得有价值，想得到别人的重视。我们想要的是真诚的联结，是"在你心中我很重要"的感觉，但让别人感到矮人一头可不是办法。

你的自我破坏行为：用负面想法打压自己，阻挡自己去做想做的事。

潜意识可能想告诉你的：你之所以启动这个防御机制，是因为害怕别人评判你或拒绝你，于是就索性先对自己尖酸刻薄地批评一通，可是，这样做并不会减轻伤害。把自己想得一无是处，说明你想麻痹自己，免得去面对真正害怕的东西——别人认为你一无是处。但你没意识到的是，你这是在"霸凌"自己，与自己为敌啊。在现实中，他人的评判会对你的生活造成什么影响？坦白讲，那些声音确实会阻止你去追寻梦想、野心和幸福。可是，当你陷在破坏性的想法里，不就是正在对自己做同样的事吗？是时候放下包袱，去走自己的路了。

你的自我破坏行为：不愿以积极有益的方式宣传自己的工

作成果。

潜意识可能想告诉你的：你并没有做出力所能及的最佳成果，你自己也察觉到了。你之所以不想广而告之，是因为害怕得到负面评价，可是，如果你不曾率先这样评价自己，这种顾虑就不会存在。你需要创造出能让你自豪地向外界展示的东西，当你能够以积极有益的方式去宣传它，即能够帮助你赢得业务或推进职业发展，而且这么做的时候你感到真诚又自然，此时你就会知道，你发挥出了最大的潜力，做出了最棒的作品。

你的自我破坏行为：总觉得别人都是冲着你来的，或是担心一切都是因为你，但实际上并不是。

潜意识可能想告诉你的：你太以自己为中心了。别人的生活并不是围着你转的，他们的想法也不是。他们都忙着想自己的事呢，就跟你总想着自己一样。生活中重复出现的模式确实能反映出一定的问题，但是，如果每次开车被别人插队，你都认为是人身攻击，你就会严重地阻碍自己，因为你总把自己放在受害者的位置上。

你的自我破坏行为：你声称自己不喜欢现在的居住地，却继续留在这里。

潜意识可能想告诉你的：家是亲手打造出来的，不是寻找出来的。真正的问题是你没能力搬家呢，还是不愿意搬家？一般来说，如果我们留在某个地方，肯定是有原因的。我们喜欢它的某些方面，想在这里生活。你之所以抗拒这个地方，可能是因为你担心如果别人知道你住的地段不够时髦或不够高档，他们就会评判你。你可能也会怕别人说你"实力不够"。事实真相是，是你在评判自己，你需要平息这个内在的声音，或是对自己选择在这里安家而感到自豪。

你的自我破坏行为：无意识地狂刷社交媒体，打发时间。

潜意识可能想告诉你的：这是最简单的麻痹自己的方式，因为它太方便，也太容易上瘾了。用健康的方式使用社交媒体，和把它用作应对机制，这两者有天壤之别。你可以观察一下，看看放下手机时自己有什么感受。如果你感觉到的不是放松，也没有得到灵感或启发，那么你多半是借此在逃避心里的某种不适感——正是这种不适感在对你说，你需要做出改变了。

学着倾听，重新听见

既然你已经开始重视内心的提示，那么该学习如何倾听自己的内心并实时做出回应了。

你之所以处在目前的境况，就是因为你不知道如何去了解或满足自己的需求。如果不想总是在事后"补救"自己的选择和行为，那你必须学着当场就解读并处理自己的情绪。

通过逐渐培养情商就可以做到这一点，下一章我们会主要探讨这个话题。不过，我们可以先从这一步开始：学着倾听直觉的声音。

直觉的声音

所谓"现代智慧"的核心信条之一，就是在内心深处你知道人生的一切真相，包括你的未来。也就是说，你是自己的先知，而你的情绪犹如一个窥视孔，通过它不仅能看到眼下正在发生什么，还能看到即将发生的事。

我不是说这话不足信。大量研究已经证实，我们的大脑与身体之间存在内部关联，这就解释了为什么英语中会把直觉称作"肠胃感觉"（gut feeling），而且这种先于逻辑推断出现的本能直感往往是对的。

这是因为我们的肠胃系统就像"第二个大脑"[①]，里面储存了大量的信息，在大脑还没来得及调用它们的时候，身体就率先感觉到了。正是这个不可思议的能力导致你的"肠胃感觉"基本上每次都是对的。

[①] 有科学家认为，人类的肠胃部分存在一个非常复杂的神经网络，包含大约一千亿个神经细胞，就像一个神经系统，并且通过迷走神经与大脑相连。因此学界有"腹脑""肠脑"等相应说法。后文中作者就多次提到"肠脑"的概念，不再特别注明。

尽管你的肠胃相当聪明,但它不是灵媒。

如果你想"调整到自己的频率",追随自己的内心,追寻自己的激情,找到自己的灵魂……不管用哪种说法,你要知道的第一件事就是:直觉只会对当下发生的事情做出反应。如果你对未来的某件事有种"预感",那就是在投射。

你可以从这里入手来分析自己的直觉:你的回应是因为面前这个真实的人而起,还是因为你头脑中"对他的想法"?你是对当下正在发生的真实状况做出反应,还是对一个想象出来的、你自认为知道它的发展走向的状况做出反应?你的情绪是因眼前发生的事情而起,还是因为某件你希望(或害怕)在将来发生的事情而起?

除了只能对当下做出回应之外,你的直觉也很安静。心中那个"小小的声音"真的就是那么小。

它不会高声尖叫,它不会恐慌。它不会给你的身体泵满肾上腺素,好赢得你的注意。它不愤怒。它是当你身陷至暗时刻轻轻涌来的清澈波浪,在这澄明的水波中,一个声音在对你说:**都会没事的,事情不像你想得那么糟,一切都会好起来的。**

直觉的作用是把事情变好,而想象往往会把事情变糟。

但这些概念总是令人非常困惑:哪种感受是直觉,哪种又是恐惧、疑虑,或限制性信念?究竟该如何区分它们?

这么说吧,你的直觉其实不是感受,而是回应。

如果你和某个人见面之后，感觉就像被掏空了似的，或者你觉得再也不想见到他了，这是直觉。如果你现在做的这份工作让你精疲力竭，没有一点儿你喜欢的地方，事事都像是被逼无奈，这是直觉。直觉不是情绪感受（你不会"直觉"到你今天很难过），直觉会快速地带你离开有害地带，连想都不用想。

你需要记住这一点：尽管你的情绪、感受都是正当的、合理的，但很多时候，它们并不真实。也就是说，它们往往不能准确地映照出现实；不过，它们倒是经常能准确地映照出我们的想法。想法能改变情绪，但想法不能改变直觉。你自然而然地受到某个人或某件事的吸引（或排斥），这是你的直觉。它不是某种情绪感受，也不是解读或诠释，它是你自然而然做出的行为。

当人们说到"运用直觉来塑造自己热爱的人生"，他们的意思是说：微妙的直觉让他们发现了自己最擅长的事，而他们遵从了这个声音。有时，直觉会把你向艺术的方向推去，即便这让你感到不自在，也心生抗拒。有时，直觉会让你继续为一段感情关系投注心力，即便这并不容易。

直觉的作用不是让你一天二十四小时都感到舒服自在，欣喜若狂。它要把你朝着你注定要做的事情推去，因为那就是你的兴趣、能力和渴望的交叉点。

直觉和恐惧有时很相似

信任直觉，不等于把它视作先知。

问题正是出在这里。我们不仅盲目地相信随机产生的情绪，还会给它们加上预言的性质，以为每一种感觉都是对我们的警告，或是预示着将来会发生什么。

现在我们就来分析一下，看看为何会有这种想法，又该如何防止它毁掉你的生活。

情绪不会告诉你正确的决定是什么。

正确的决定创造出恰当的情绪。

情绪没打算指引你过好这一辈子，那是头脑的职责。

如果你老老实实地跟随心中的每一次冲动，那你肯定已经彻底陷入了困境，没准连命都没了——少说也会遇上大麻烦。你之所以没变成那样，是因为脑能够干预进来，指导你做出符合长远利益的选择。

当你养成习惯，日复一日地去做那些为你带来秩序、健康、镇定感和使命感的事情，你开始体验到平和与欢悦的感受，而不是相反。

如果你想掌控自己的人生，就需要学会整理情绪。先觉察到它们，然后去追溯产生这些情绪的思维过程。此时你就能做出判断，心中这些念头究竟是源于真实的威胁，还是属于焦虑担忧，或者说，是爬虫脑[①]为了让你活下去而捏造出来的臆想。

[①] 这是一个关于大脑结构的假说，即人的大脑可以分为三层，从内到外随着进化逐渐出现，并且各司其职。它们的昵称很形象，分别是爬虫脑、哺乳动物脑、人类脑。爬虫脑负责非常基本的、与生存相关的功能，比如遇到危险后是战斗还是逃跑。哺乳动物脑负责与情绪相关的功能。人类脑则负责认知和语言等高级功能。

请记住：你的大脑是为自然界而造的，你的身体是为了在野外生存而设计的。你拥有一具动物性的肉身，却试图在一个高度文明的现代社会里游刃有余地生活。原谅自己的情绪冲动吧，但与此同时也要记得，说到底，选择还是要由你来做。你完全可以有各种情绪和感受，但并不需要遵照它们行事。

那么，为何还会有"听从直觉"这个说法呢？

肠胃与头脑有着深深的联结。从生理构造上来看，肠胃系统和大脑产生血清素的区域是相连的。迷走神经从肠胃连通头部，作为沟通设备，帮助身体系统正常运转[6]。

你的肠胃和头脑天生就是相连的，因此人们会有这些说法：感到疑惑的时候，是"满腹狐疑"；在形容非常焦急和痛苦的时候，是"五内俱焚"；对事情有某种直觉的时候，英文里会说"肠胃起了反应"。

但有个事实人们没有明说：听从直觉是对当下发生的事情而言的。你没法对未来的某件事产生直觉，因为那件事还没有发生。你可以把基于恐惧或记忆而生的反应投射到未来，但你没法凭着直觉去了解某个人或未来的某件事——直到这个人确实出现在你面前，或是这件事真的发生了。

如果你对某个人产生了直觉，这肯定发生在你跟他打过交道之后。如果你发觉某个工作适合你（或不适合），也只可能是在你干了一段时间之后。

问题在于，我们总想把直觉当成某种预言机制，这是大脑想出来的创意把戏，力图操纵我们的身体，以便将来能避免痛苦，体验更多快乐。但偏偏事与愿违，结果变成我们困在原地，不知道该怎么做才好，因为我们真的相信自己感受到的每一个情绪都是真实的，而不是去区分哪些是对事实的反应，哪些是投射。

区分直觉与恐惧

首先，你要知道，在当下时刻，直觉能给你带来莫大的好处。你对某件事的第一反应往往就是最明智的，因为身体正在调用潜意识中储藏的全部信息来帮你做出判断，而此刻大脑还没来得及多想呢。

你可以这样运用直觉：停留在当下，问问自己，在此时、此地，什么是真实的？当你和某个人相处或做出某个行为的时候，什么是真实的？当你在做一件事的时候，在那一刻，内心深处的直觉是什么？

这跟你在想象、猜测、回忆细节、预测未来时的想法和感受一样吗？一般来说，那些投射都是恐惧，而你在当下的反应是最诚实的直觉。

总的来说，诚实的直觉永远不会把你吓慌。你的"腹脑"向来都很轻声、很温和，即便它在告诉你某件事情不适合你的时候也是如此。如果"腹脑"想让你知道，不要再见某个人，或应该中止某段关系、停止某种行为，那么提醒也是静悄悄的。正是因为这个，它才叫作"小小的声音"——非常容易错失，非常容易被聒噪的杂音盖过。

直觉型想法 VS 侵入性想法 ①

当你开始倾听内在的声音，或许你会发现，好像很难把有帮助的、直觉型的想法与破坏性的、侵入性的想法区分开。两者十分相似，都是立即产生的、反应性的，也都能为你提供之前不曾想到的见解，然而在实际中它们的效果却截然不同。

以下就是源自直觉型想法与源自侵入性想法的对比：

- 直觉型想法是冷静的。侵入性想法是慌乱的、引发恐惧的。
- 直觉型想法是理性的，它们相当合情合理。侵入性想法不理智，往往会夸大问题，或是一下子跳到最糟的结论。
- 直觉型想法在当下为你提供帮助，它们给你所需的信息，帮助你做出周全的决策。侵入性想法往往是随机产

---

① 即 intrusive thoughts，也译作侵入性思维，这是一种进入个体意识层面的想法，经常毫无预兆，内容往往很怪异，或令人担忧和困惑。大多数时候它们只是在脑海里一闪而过。

生的，跟当下发生的事情没有关系。
- 直觉型想法是"安静"的，而侵入性想法很"聒噪"，这导致前者更不容易被听到。
- 直觉型想法往往只出现一次，有时候是两次，而且它会让人有种"被理解"的感受。侵入性想法则会反复徘徊，并带来恐慌的感觉。
- 直觉型想法听上去往往充满关爱，而侵入性想法让人感觉惊慌失措。
- 直觉型想法通常"不知是从哪儿来的"，而侵入性想法往往是被外部刺激引发的。
- 直觉型想法不会纠缠你——你产生了一个想法，随后放手让它走。而侵入性想法总是没完没了，各种念头和恐惧搅和在一起，让人觉得没办法不去想。
- 就算直觉型想法说出的是你不爱听的东西，它也从来不会让你感到恐慌。即便你体验到了悲伤或失望，也不会有那种令人窒息的焦虑感。当你不知道该如何面对一种情绪时，心里升起的那种感受就是恐慌。当你产生了侵入性的想法，就会体验到恐慌。
- 直觉型想法打开你的思路，让你想到其他的可能性；侵入性想法关上你的心门，让你感到束手无策或没救了。
- 直觉型想法源自"最好的你"的视角；侵入性想法则来自那个最恐惧的小我。

- 直觉型想法解决问题；侵入性想法制造问题。
- 直觉型想法帮助你去帮助别人；侵入性想法倾向于制造出"我 VS 他人"的对立心态。
- 直觉型想法帮助你理解自己的想法与感受；侵入性想法则会假设别人是怎么想的、别人会有什么感受。
- 直觉型想法源自一个更深层的地方，能给你的内心深处带来一片澄明；侵入性想法把你困在头脑中，给你一种慌乱的感受。
- 直觉型想法告诉你如何主动回应；侵入性想法要求你被动反应。

行动起来，切实满足自己的需求

"爱自己"这个词已经被用得过于宽泛了，在很多情况下，它变成了某种转移注意力的行为，让人不去切实地采取行动，解决手头上真正的问题。但是，真正的"爱自己"，是满足自我需求的最基本的组成部分。

除了保证基本的安全之外，你的需求还包括：吃得有营养、睡得好、住在干净的环境中、打扮得体、允许自己如实地感受情绪，不受评判，也不必压抑情绪。

想办法靠自己的力量去满足这些需求，是战胜自我破坏的基础。

如果头天晚上睡了个好觉，那么你去健身的意愿就会大得多；如果你不必坐在桌前忍受持续的腰背疼痛，而是找专业人士帮你矫正体态或做脊椎按摩，那么你对工作的感受也会好得多；如果家里整洁干净、温暖舒适，那么你会很乐意待在家里；如果花点时间好好照顾自己，你对自己的感觉就会好很多。

这些都不是小事，它们是大事。你之所以注意不到它们的效果，是因为这些事要天天做才能见到成效。

看见自己的需求，满足那些能独自完成的，然后允许自己与他人建立联结，这样别人就可以满足那些你凭一己之力无法满足的需求。这些行动能帮助你打破自我破坏的循环，构建起一个更健康、更平衡、更有成就感的人生。

第 4 章

培养情商

说到底,自我破坏只不过是情商低的结果。

为了过上健康、高产、稳定的生活,我们需要理解大脑与身体的合作机制;我们需要知道如何解读情绪,了解不同的情绪都意味着什么;我们也需要知道,遇到令人畏缩的、不知道该如何处理的强烈情感时,应该怎么做。

关于情商这个课题,全世界的专家学者已经做了大量工作,而且研究结果必定会越来越多。这一章我们会把重点放在与自我破坏相关的情商问题上。

情商是什么

情商是对情绪的理解能力、解读能力,并以有觉知的、健康的方式做出回应的能力。

情商高的人往往能更好地与各种类型的人相处,在日常生活中会感到更加满足,他们向来愿意花时间去处理并表达自己的真实情感。

不过，在大多数情况下，情商就是有能力去解读自己的情绪感受，并且理解它想传达给你的人生信息。

自我破坏的根源就在于缺乏情商，因为如果我们不能理解自己，就必定会迷失方向。下面这些关于大脑和身体的知识最常被人们误解，不知道这些，我们就会无可避免地陷入束手无策的境地。

大脑的天性

在我们得到想要的东西之后，大脑里会发生一些有趣的事。

畅想目标的时候，我们经常会有这样的期待：它会实实在在地提升我们的生活质量。一旦实现了这个目标，我们就能"上岸"了。

终于"上岸"了，放松下来，享受生活吧。我要这样安生地过一阵子。

事实可不是这样。

从神经科学的角度看，在得到真心想要的东西之后，我们开始想要更多。以前，人们认为多巴胺这种化学物质是渴望、爱欲、购买欲等背后的驱动力，但最新研究表明，实际情况比这复杂得多。

在《贪婪的多巴胺》（*The Molecule of More*）一书中，作者

丹尼尔·利伯曼（Daniel Z. Lieberman）解释道，研究荷尔蒙的专家发现，人在得到非常渴望的东西之后，原本激增的多巴胺开始消退。原来，多巴胺带给你的不是快乐，而是"想要更多"的快乐[7]。

所以，你正在为之奋斗的那个宏伟目标呢？你会抵达那里，然后又会看见下一座山在等你去征服。

我们之所以会暗地里破坏掉自己真心想要的东西，这就是原因之一。我们本能地知道，"抵达"并不能真正让我们满足，它只会让我们想要更多。有时候，我们觉得自己招架不住这种挑战了。

因此，当我们还走在半路上的时候，一群"神经学偏误"就开始扎堆捣乱了，于是我们开始怨憎、评判，甚至会诋毁那个原本至为渴望的目标。

当我们开始追逐真心想要的目标时，会发生这样的现象：我们不肯去做那些有助于实现目标的事，因为我们太害怕它实现不了，一丁点儿挫折都会让我们撤回努力，紧张起来。

当我们走了如此之远，却还没有得到想要的东西时，就会在潜意识中把"得到它"与"变成坏人"联系起来，因为我们就是这样评判那些实现了目标的人的。

得到它之后，由于我们害怕失去，所以干脆把它推得远远的，这样就不用忍受失去它的痛苦。

我们在"想要"的心智状态中陷得如此之深，以至于无法切换到"拥有"的状态。

首先,我们之所以会极其渴望一样东西,往往是因为我们给它附加上了不切实际的期待。在想象中,它会以某种神奇的方式改变我们的生活,可事实往往不是这样。

当我们仰赖某个目标或变化以一种不切实际的方式来"拯救"我们的时候,任何一点偶然的失败都会令我们停止努力。例如,如果我们坚信,找到一个恋人就能让我们不再抑郁,那我们就会对别人的拒绝极为敏感,因为这让我们感到好似永远也走不出抑郁了。

这个想法里有个明显的问题:谈恋爱本身就是一个不断试错的过程。成功之前总免不了失败。

其次,如果我们已经花费了大量的时间,却还没有得到这样东西(比如爱情),出于自我保护,大脑就只好去寻找理由,去证明"得不到"是合理的。这就是为什么我们会无意识地诋毁那些确实得到了我们想要的东西的人。我们没有从别人的成功里受到鼓舞和启发,而是怀疑他们。我们成了爱情的怀疑论者,由于对他人的幸福如此嫉妒,以至于认定人家肯定是在"作秀",或者那种爱"假得要命",要么就是"反正到最后他们肯定会分手的"。

如果我们一直牢牢地抱有这种观念,猜猜看,等到我们真遇到理想中的爱情,会发生什么?当然,我们会怀疑它,认定它最终也会失败。

当一个人把别人推开，或是一遇到挑战就马上放弃追求梦想，背后的原因就是这个。当我们太害怕失去某样东西，就会倾向于先把它推开，这是我们保护自己的方式。

假如你把给生活带来这么多阻碍的限制性信念都一个个破除掉了，而且你终于允许自己去创造和拥有你非常渴望的东西。接下来，你就该面对最后一个也是最困难的一个挑战了：从"生存模式"转换到"蓬勃生长模式"。

如果你在前半生始终生活在一种匮乏的、勉强度日的状态中，那么你肯定不知道该如何适应松弛的、乐享人生的状态。你可能会抗拒它，或是感到内疚，也可能会大手大脚地花钱，或者拒绝承担责任。在设想中，你这是在用彻底放松的好日子去"冲抵"此前那么多年的艰困。可是，实际情况不是这么回事儿。

当我们在"想要"的感觉中陷得太深，要切换到"拥有"的状态就变得极度困难。

这是因为，任何改变，无论是多么积极正向，都会让人不舒服，直至你习惯了它。

很难发觉的是，我们太习惯于证明自己是正确的，于是出于骄傲，我们挡住了自己的路。更难发觉的是，别人手中那些令我们深感嫉妒的东西，往往正是我们最深层欲望的碎片，是我们不允许自己拥有的东西。

是的，我们的大脑就像是被预先设置过似的，天生就想要更好的东西,而且多多益善。但是,通过了解它的运作过程和倾向,你就可以重新编写程序,开始主宰自己的人生。

自稳调节机制

大脑的功能之一,就是让你的生活变得更稳定、更有秩序。

你的潜意识里存在一种叫作自稳调节的机制,它管控着体温、心跳、呼吸这样的功能。博恩·崔西①(Brain Tracy)是这样解释的:"通过自主神经系统,(自稳调节)维持着你体内数十亿细胞中上百种化合物的平衡,让你的机体在绝大多数时间内都能以完全和谐的方式运转。"8

然而许多人没有意识到的是,正如大脑天生就会管理身体一样,它也企图管理你的心智。思维在不停地过滤,把那些能够确证固有信念的信息留下,并引起你的注意(在心理学中这叫作确证偏误),同时也不停地把一些反复出现的想法和冲动呈现给你,因为这些想法和冲动能够模拟和映照出你过往的行为。

你的潜意识犹如舒适区的守门人。

也正是在这个区域里,你可以培养出良好的行为习惯,建立并巩固一个成功的、幸福的、完整的人生,或者你也可以在

---

① 博恩·崔西,全球知名的时间管理大师,世界五百强企业推崇的绩效思想家,著有畅销书《吃掉那只青蛙》等。

此疗愈自己。

了解到大脑的这个特质，我们就会知道，在经历疗愈或改变的时候，我们需要允许身体进行自我调节，逐步适应新常态。这就是为什么一切改变，无论益处有多大，都会令人感到不舒服，直到它变得熟悉为止。这也是为什么我们会卡在自我破坏的习惯和循环中出不来。尽管这些习惯让我们感觉很好，但这并不等于它们对我们有好处。

我们需要好好运用思维来练习分辨能力，用上人类的超凡智慧来决定自己想去哪里，想成为什么样的人。然后，我们还需要允许身体慢慢地做出调整和适应。

我们不能生活在情绪的统御之下。情绪都是短暂的，而且常常不能反映现实。

没有巨变，只有渐变

如果在人生中你被"卡住"了，仿佛动弹不得，那多半是因为你在等待一次大爆炸——在那个突破性的时刻，你所有的恐惧都将烟消云散，内心澄明一片。一切都发生得毫不费力。彻底地蜕变把你从自满状态中猛拽出来，醒来之后，你从头到脚焕然一新。

那种时刻永远不会出现。

重大的突破不是凭空发生的，那是无数微小的变化逐渐积累的结果。

顿悟是这样发生的：有些想法一直待在心智的边缘地带，某一刻，它们终于获得了足够的注意力，成为主导的念头。这就是"恍然大悟"的瞬间，在这个瞬间，你终于理解了那个前半生里反复听到的忠告；在这个瞬间，之前刻意去做的行为模式被重复得足够多次，以至于变成了直觉。

改变人生的，不是那种翻天覆地的、一次性的巨变，而是微小的渐变。

一次又一次地重复平凡的、单调的事，一天天，一年年，然后迎来突破性的时刻。

作家、媒体战略家瑞恩·霍乐迪（Ryan Holiday）说过，顿悟没法改变人生。[9] 令我们发生全面而持久的改变的，不是少数几次激进的行为，而是重新构建习惯。也就是科学哲学家托马斯·库恩（Thomas Kuhn）所谓的"范式改变"。库恩认为，生活并不是在电光石火间发生了改变，而是需要经历一个漫长的过程，在这个过程中，原有的逻辑假设渐渐瓦解，迭代更新。就是在这样的波动中，微小的变化发生了，突破性的巨变开始渐渐酝酿成形。

微小的渐变，就是日常生活中不起眼的小改变在日积月累。比如说，做饭的时候，换掉一盘菜里的某一种食材，先做到一次就可以。然后，做第二次、第三次。还没意识到发生了什么，你就已经建立起了一个行为模式。

你每天所做的事决定了人生的质量，也决定了成功的程度。你愿不愿意投入去做、有没有那个"劲头"，这都不重要，重要的是你到底做了没有。

这是因为，人生的成果不是由激情决定的，而是由原则决定的。

你或许认为今早你做的事情并不重要，但它很重要。你或许认为不起眼的东西不会积少成多，但它们确实会。想想那个古老的智力题：你是愿意今天就拿走一百万元呢，还是先拿一分钱，但在此后一个月里，每天都能拿到前一天的一倍？马上就拿一百万元，听起来很不错，但是经过 31 天之后，最初的一分钱会变成一千万元。

横扫一切的巨变之所以很难实现，并不是因为我们是有缺点的、能力有限的凡人，而是因为我们不愿意生活在舒适区之外。

如果你想改变人生，那就利用每一天、每一小时，做出极其微小的、几乎察觉不到的决定，直到它们成为习惯。然后你就会顺顺当当地持续做下去了。

如果你想以后少玩手机，那就在今天，忍住一次拿起手机来看看的冲动。如果你想养成更健康的饮食习惯，今天先喝掉半杯水。如果你想多睡一会儿，那就比昨晚提前十分钟上床。

如果你想多锻炼，现在就动起来，只做十分钟就行。如果你想看书，那就先看一页。如果你想冥想，先做 30 秒就可以。

然后持续做下去，每一天都做。你会渐渐习惯不去拿手机。你会想喝更多的水，而你确实也喝掉了更多的水。你会跑步十分钟，然后想，也不是非得停下不可，然后你就继续跑下去了。你会读完一页书，渐渐来了兴趣，然后又读完了一页。

在我们最本能的、最生理性的层面，"改变"就等同于某种危险的，或许还会威胁生命的事。这就难怪我们会修个笼子，把自己关在里面，即便门上并没有锁。

想让自己猛然惊醒，从此开启新生？这种事不会发生的。这就是为什么这种事到现在还没发生。

你无需等到"感觉对了"的那一天才开始改变。你需要的只是一次改变一点点，然后让能量和动量逐渐累积。

头脑是反脆弱的

头脑是你此生最大的敌人吗？

在令你倍感压力的因素中，不合理的恐惧是"主力干将"吗？

你是否觉得自己几乎是在没事找事、无中生有、过度反应、想得太多、小题大做？

如果回答都是"是"，那么祝贺你，你很有自知之明。

而且你和其他人别无二致。

如果你觉得，你经常无意识地"扫描"自己的生活，想要找出下一件需要担忧的事情、下一个应该恐惧的潜在威胁，那么你的感觉没错。

我们最害怕的事情是：被头脑识别为"我不能控制的、最不可能发生的威胁"。如果这个威胁很有可能发生，那我们不会感到恐惧，我们会做出回应。这就是为什么绝大多数的担忧其实并不来自于那件"我们不能控制的事"，而是来自于那件"小小的、不太可能发生的、我们不能控制的事"。

那么，为什么我们的头脑要玩这套把戏呢？

好好享受生命中拥有的东西，并心存感激，不行吗？

当然行，绝对可以。

但是，我们的头脑也需要困难，这就是为什么它会直觉性地不断去寻找问题，即便眼前并没有真正的问题。

人类的头脑具备一种名叫"反脆弱"的特质，意思是，困难会让头脑变得更强大。就像岩石在高压下会变成钻石，免疫系统在不断迎战细菌后会变得更强大，头脑也是一样，它需要刺激，也就是困难和挑战。

如果你否认和抗拒人生中任何形式的真实挑战，那么你的头脑就会寻找补偿，方法就是自己制造一个问题，然后去解决。只不过这种补偿到最后没有任何奖赏。只剩下你和你自己，在余生中争斗不停。

人应该追求幸福；要把自己好好保护起来，以免遇上任何触发事件；人生就应该是"美好"的，我们遇到的任何挑战都是命运出了错……这些社会文化中的执念实际上让我们的心智变得脆弱了。

把自己保护起来,不去碰触任何困难,这会让我们更容易陷入焦虑、恐慌和混乱。

那些忍不住要在头脑中制造问题的人之所以要这样做,是因为他们停住了手,不再去创造性地掌控自己的人生。他们挪到了乘客席上,认为人生是"发生在他们身上的事",而不是自己行为的结果。

如果真是这样的话,谁会不害怕呢?

但绝大多数人没有告诉你的是,困难会让你变得更有创造性。它会激活你身上休眠的部分,它让事情变得有趣。人类叙事的一部分就是想要寻找某种东西去征服。

诀窍就在于平衡。选择跨出舒适区,为了一个值得的理由去忍受痛苦。

把注意力放在世上真实存在的问题上,比如饥饿问题、政治,或其他什么都行。

但最重要的是,始终关注那些我们能够掌控的部分。仔细想想的话,其实绝大多数事情都是我们可以掌控的。具备反脆弱特性的东西需要紧张、抗拒、困难和痛苦,它要借由这些来实现突破和蜕变。我们应该做的就是尽情投入生活,成为它的一部分,而不是惧怕自己的情绪,始终坐在边线上观望。

你不能永远坐在那儿,你也不会想要这样。张开双臂,去拥抱毅力和勇气,这是你与生俱来的能力。向前一步,开始生活吧。

新变化会造成冲击

在所有"没人告诉你的人生真相"中,最让人困惑的莫过于:在迎来一个积极的人生变化之后,你可能不会马上就感到快乐。

人的心理状况是这样的:但凡是新东西,哪怕它对我们极有好处,也会让人感到不自在,直到我们对它熟悉起来为止。

这话反过来说也同样成立:但凡是熟悉的东西,一定是好的、令人自在的,哪怕这些行为、习惯或人际关系对我们没好处。

生活中积极正向的好事其实也会引发抑郁,原因有几个:首先,情绪或态度的大起大落会加剧压力;其次,人们会期待一旦好事降临,就能抹掉一切压力,带来前所未有的幸福感,而这种期待是破坏性的,因为没有哪种好事能有这种奇效。这就是为什么诸如婚礼、孩子出生或新工作会给人带来那么大的压力。此外,在经历重大人生变化的时候,人们心中也会悄悄浮现一个假设:这个变化应当纯粹是积极正向的吧,一点儿焦虑和紧张都不会有。

当人们发现事实不是这样的时候,感觉可真是"扎心"呐。

总的来说，上述这些都可以归结为一个简单的事实：任何成就、结果、生活中的改变，无论多么积极正向，都会引发变化，而变化会引发压力。对本来就容易焦虑和抑郁的人来说尤其如此，因为"舒适区"这个概念对他们的情绪稳定可谓至关重要。这也是为什么这一类人常常会显得过于挑剔，或心胸狭窄。

"变化冲击"的迹象是什么？

"变化冲击"的表现可能非常简单，比如人会变得焦虑和有一点暴躁。不过，实际情况往往比这复杂。

"变化冲击"经常会以过度警觉的形式体现出来。比如你得到了一笔钱，可你马上就想，哪些事情可能会破坏这个成果，好像有一张大额账单该付了，这份刚刚得到的工作要是丢了可怎么办。再比如，你刚开始一段幸福的新恋情，可你变得疑神疑鬼，怀疑伴侣不忠或对你撒谎。

"变化冲击"也会把潜意识里的执着和信念带到明处。如果你从小受到的教育是"富人全都道德败坏"，那么你就会抗拒拥有更多的金钱。如果你想要出名，借此得到更多的爱，那你就会抗拒出人头地，因为比起普通人，名人常常会招致更多的批评和非议。

"变化冲击"还会引发强烈的恐惧。这是因为，当我们得到非常珍视的或是为之努力了很久的一样东西，我们就会下意识地在心里筑起一座高墙，不让自己去充分体验幸福感和成就感。

这是我们保护自己的手段,免得遭受潜在的损失。

面对最渴望的东西,我们的抗拒往往最为激烈。

这就是因为"变化冲击",虽然我们不一定知道是什么导致了抗拒。

得到了想要的一切,这种感觉是很可怕的,因为这迫使我们抛弃那种挣扎求生的、以恐惧为基底的心态,转换到一个更为稳定的状态。之前,我们熟知的一切都是为了求生存,可接下来就要面对下一个人生阶段:自我实现。

如果我们不必再担心基本的生存问题,头脑就会解放出来,转而思考人生中更重大的问题:我的使命是什么?我过的是有意义的生活吗?现在的我,是我想成为的样子吗?

我们常常以为巨大的成就会像一张神奇的卡牌,只要有了它,生活从此就会一帆风顺,可事实极少如此。实际上,截然相反的情况更有可能出现。它令我们升级,逼着我们承担更大的责任,更加深入地思考宏大的命题,它让我们质疑自己,也质疑那些我们先前以为是真实的东西。

实际上,巨大的成就会促使我们成为更高版本的、更好的自己。这对我们的人生绝对是大好事,可给人的感觉就像当初在艰困中挣扎时一样难受,没准还要更难受呢。

如何摆脱"变化冲击"?

当人生中有好事发生,你需要调整自己对待其他事情的心态，创造出与这个积极变化协调一致的新局面，也让自己建立起更准确、更有助于持续发展的全新视角。

如果拥有更多金钱令你感到焦虑，那么你需要去学习如何更好地理财。如果拥有亲密关系令你感到焦虑，你需要去学习如何与他人交往——就像你从没谈过恋爱一样。

人生的重大改变将会迫使你升级，在你能想象到的各个方面都如是。刚刚踏入陌生的领域，确实会令人心生恐惧，而克服恐惧的办法就是让自己熟悉这些变化，让它们成为你的一部分，并且，去相信自己已经做好了接纳变化的准备，也要相信，你值得拥有它们。

"灵媒式思维"不是智慧

当我们说到"灵媒式思维"的时候，指的不是那种挂着霓虹招牌、会看手相的神秘术士，收了钱，就给你评测能量状态，预测未来。

"灵媒式思维"比这隐秘得多，也危险得多。

"灵媒式思维"是你认为自己知道别人在想什么，或打算干什么。它令你断定，某个最不可能发生的结果是最有可能发生的，因为你对它的"感应"最为强烈。它令你相信，你错过了"另一种人生"，没有选择某条更为"命中注定"的道路。它令你相信，跟你"最来电"的那个人，就是你此生最理想的伴侣。

显然，人的想法总在不停变化。对于别人的念头、感受和意图，我们基本上（姑且不说百分之百吧）是看不透的。最不可能发生的结果就是最不可能发生的结果而已，没什么其他含义。世上并不存在所谓"本该走的那条路"，只不过是我们把需求和欲望投射到了另一个幻想上，以为我们的生活可以是那个样子。"来电"并不意味着灵魂伴侣，爱与和睦相处不是一回事。

"灵媒式思维"把我们与现实割裂开来。在本该属于逻辑的位置上，我们放上了情绪，而情绪往往是不符合事实的、靠不住的，就喜欢偏听偏信——相信那些我们想要相信的东西。

除了令人困扰之外，"灵媒式思维"也绝对不利于精神健康。它是滋生焦虑和抑郁的温床。那种感觉还不止是害怕或心烦，而是我们深信，某个想法不仅是事实，而且还预示着未来。如果某一天我们过得很糟糕，"灵媒式思维"会让我们认定，今后这一辈子都没希望了。

我们听到"相信你自己"这样的说法，就开始把自己视作先知，当脑海中浮现出某个能勾起情绪的念头，或是心中涌起某种感受，就必定预示着更多坏事要降临了。

自从二十世纪五六十年代大众心理学开始流行，"灵媒式思维"这套东西焕发出了全新的光彩。"相信你自己"，"大神"们这样告诉你。在内心深处，你知道真相。

这话倒也没错。你的肠道确实与脑干相连，比起大脑，肠胃里的细菌对潜意识中的智慧觉知响应得更快。这就是为什么你的"肠脑"确实会有正确的直觉。可是,有些人分不清什么是直觉,什么是恐惧,什么又是与现实或生活并不相关的偶发念头。当这类人听到这种建议,情况就有点危险了,他们会变得彻底束手无策,思维受限,因为他们相信那些随机产生的情绪全都是真实的——不止真实,它们还能预言未来呢。

"灵媒式思维"不过是一连串的认知偏误而已,其中最主要的有如下几种:

确证偏误

每时每刻,你的大脑都面对着无数的刺激和信息,应接不暇。意识能够觉察到的不足百分之十,而潜意识也没闲着,它会把以后有可能用得着的那些记录下来。

然而,哪些信息能进入那百分之十的范围,被意识关注到,这和我们原有的信念息息相关。大脑会把不支持原有信念的信息过滤掉,然后把注意力引向能支持的那些信息。这意味着我们会出现"确证偏误",即主动搜寻并分类整理那些能够支持已有想法的信息。

外推偏误

外推就是把当下的境况投射到未来。对此,瑞恩·霍乐迪说的很好:"这个瞬间不是我的人生。它是我人生中的一个瞬间。"

外推偏误让我们认为，我们是过往或当前体验的总和，而当前我们体验到的压力或焦虑必将延续下去，往后余生我们都要跟它们纠缠搏斗。由于没能力看穿手头的问题，我们就认定它永远也解决不了。不幸的是，这会变成一个自我实现的预言。如果我们这么容易被"这些问题永远也解决不了"的念头打败，变得垂头丧气，那就更有可能陷在问题里出不来，而不是合乎逻辑地去努力寻找解决问题的办法，这耗费的时间可远比必需的时间长得多。

"聚光灯"偏误

人人都认为世界围着自己转。从早到晚，你都在想着自己和自己的利益，每一天都如此。其实，别人想起我们的频率可没有这么高，人家想的也是自己啊。但忘掉这一点可不容易。

当我们以为生活犹如表演，是"展示"给别人看的东西，聚光灯效应就登场了。我们记得自己最近干过的两三件糗事，就以为别人也同样会经常想起它们。可是，你能想起某个人最近做过的两三件糗事吗？当然不能。因为你压根就不在意。

聚光灯偏误让我们产生一种错误的印象，以为世界是围着我们转的，但事实并非如此。

当此类认知偏误与"灵媒式思维"，即认为"我们对外部世界的假设和感受将会变成现实"——搅和在一起，就会非常有害，而且它们基本上都是错的。别再预测接下来会发生什么，把精力用在更好的地方吧：有觉知地把它投注在眼前这个瞬间，也就是修行人所说的无限"当下"。因为事实真相是，过往与未来都是当下时刻的幻象，我们拥有的唯有当下。

与其把聪明劲儿用在推算未来上，还不如努力把眼前的事情做好。这才是真正能改变人生的力量。

逻辑中断令你倍感焦虑

你在生活中感受到的绝大部分焦虑，都可以归咎为批判思考能力不够强。或许你会认为，感到焦虑肯定是因为你想得太多，过于关注那些不大可能发生的坏结果。但事实是，你想的太少了。你的推理过程缺失了一段。

咱们从头说起。焦虑是一种常见的情绪，每个人都会体验到，尤其是遇到压力、紧张，或令人恐惧的状况时。如果焦虑周期性地发作，影响到了日常生活，就会变成临床疾病。

我们都知道，对心理健康与生理健康应该一视同仁，疾病的出现都自有合理的成因。然而，如果一个人总是崴脚，我们就会问是什么东西经常绊到他，而相当多的焦虑问题与此类似，和许多其他病症一样，都与情境有很大关系。具体来说，如果一个人长期处于一个压力巨大的情境中，又缺乏相应的应对能力，焦虑就很容易产生。

如果我们想摆脱焦虑,就必须学习这种应对能力。

这不只适用于焦虑症患者,对每一个人都有用。

焦虑的特征之一就是想得过于仓促。在某件事情上你钻得很深,也花了很长时间,于是你就认为自己必定已经思考得非常周全,并且得出了最为正确的结论。然而,事实刚好相反。

你的逻辑推理在半途上断掉了。由于没想清楚,所以你直接跳到了最坏的情况,然后立即启动了"是战还是逃"的反应模式——因为最坏的情况令你感受到了威胁。这就是为什么你总是放不下脑海里那个可怕的想法。你的身体已经做出了反应,好面对迫在眉睫的威胁,直到你"打败"它或消灭它,否则身体会一直忠于职守,也就是让你始终处在防守状态,即对"敌人"保持高度警觉。

什么是逻辑中断?

试想一个你不害怕但是其他人可能很害怕的东西。

或许你不怕坐飞机,但有很多人怕;或许你不怕单身过日子,但很多人怕;或许你不怕做出承诺,但很多人怕。最起码,你肯定能想到一件事,是你完全不害怕的。

你为什么不怕它呢?因为在这件事上,你的逻辑没有中断。

你可以在想象中看到,你登上飞机,然后又平平安安地下来,丝毫不会惊慌失措;你可以看见自己开开心心地过着单身生活,或是幸福快乐地许下承诺。即便最糟的情况发生,你也可以想象出完整的情景：从开端，到高潮，再到结尾。你知道你会做什么。你心里有数。

但是，当逻辑出现中断，高潮变成了结尾，后半段不见了。你想象出一个情景，你认为自己会恐慌，然后，由于你非常害怕，所以从来没有思考过后半段是什么样——你从未想过你将如何扛过这件事，会做出什么回应，事情过后你将如何继续前行。如果能想到这些，你就不会害怕了，因为你不会认为这件事有"终结"你的力量。

正是因为这个，暴露疗法成为对非理性恐惧最常见的治疗手段。用一种安全的方式，让引发压力的因素再次进入你的生活，这样一来，你就可以重新建立起一条更健康、更镇定的思考基线。总的来说，你向自己证明，即便是某些可怕的事情真的发生了（其实绝大多数情况下不会发生），你也会安然无恙。

心理强大指的不是一心盼着事情不会出错。它指的是，万一真出了差错，我们相信自己有能力解决问题。

或许你现在还没有这种自信。没关系，这种自信不是生来就有的，它需要随着时间慢慢积累。你需要在实践中培养它，先从解决小问题开始，然后学习健康的应对机制，逐渐掌握行之有效的逻辑推理能力。

事实是，我们一生中会遇到无数可怕的事情。每个人都一样。如果我们对某件事忧心忡忡，牵肠挂肚，不是因为它更紧迫或更有威胁性，而是因为我们不够确信自己有能力做出回应。

为了获得疗愈，我们不必回避这种事。我们需要锻炼逻辑能力，以便如实地看见事情的真相，并做出恰当的回应。

人生中，最严重的焦虑往往并不源自发生了什么，而是源自我们对发生的事情的看法。明白了这一点，我们就可以摆脱情绪的影响，收回自己的力量，重获自由。

错误推断是成功路上的障碍

如果你知道"体格分类法"，那你多半熟悉这些名词：内胚型、中胚型、外胚型①。实际上，它们之间的分界不是那么泾渭分明，每个人都是三者兼具，只是比例不同而已。不过，你身上哪种类型的特征最为明显，你就属于哪一类[10]。

如果你对这些体格类型有研究，你就会知道，内胚型体格往往跟"长胖"二字联系在一起。常见的假设是，这类人的新陈代谢系统最差。但这个看法是错的。内胚型实际上拥有最好的新陈代谢系统。这个类型的人之所以能生存至今，是因为他们的祖先充分适应了环境，活了下来。他们的新陈代谢系统兢兢业业地做到了该做的事：储存脂肪，留待日后使用。

高智商同时经受着高焦虑的人与此很类似。你多半认为，因为这些人很聪明，所以他们必定有能力运用逻辑来消除非理

---

① 这是美国心理学家谢尔登（W. H. Sheldon）制定的体格分类法，内胚型的人柔软、丰满，中胚型的人骨骼发达、肌肉结实，外胚型的人则比较精瘦。

性的恐惧（逻辑中断，或者缺乏完整推理的能力，往往会制造焦虑）。

然而，他们的大脑也在兢兢业业地做着该做的事：把不相关的刺激拼在一起，识别出潜在的威胁。

高智商的人具备一种他人没有的心理功能，即推断能力。一般人只能看到事情的表面，但这些人能够从中提炼出意义和理解。这就是为什么那些智商极高的人往往应付不了一些很基础的事情，比如社交技能或开车。一般人看世界是一维的，高智商的人看到的世界是三维的。他们想得比需要的更深。这赋予了他们创造、理解、制定战略和发明的能力。

就像内胚型人出色的代谢系统会起到反作用一样，聪明人的大脑也会。这是因为有时候他们会做出"错误推断"，意思是，从有效的证据中推断出了错误的、有偏见的结论。

当你非常焦虑时，大脑中会发生这样的情况：你从无害的刺激中提取出了某种含义或预测。当你恐惧时，你的大脑处于极度忙碌的状态——忙着辨识那些有可能伤害你的东西，随后想出创造性的方法彻底避开伤害。你越聪明，就越擅长干这个。

然而，你越想避开恐惧，它就会变得越浓重。

什么是错误推断？

错误推断就是，你基于有效的证据，却得出了错误的结论。这意味着，你看到的、体验到的或理解到的东西很可能是真实的，但你从中拼凑出的假定要么不符合事实，要么极不可能发生。

一个例子就是草率归纳（hasty generalization）：你根据自己一两次与个体打交道的经历，就对整个族群做出了判断。这就是很多种族主义和偏见的根源。另一个例子是后此谬误（post hoc ergo propter hoc），意思是，两件事情几乎同时发生，于是你认为它们之间必定有关联。

还有一种名叫"假两难推理"（false dichotomy）：你假定事情只有两种可能性，但实际上还有一大堆可能性，只不过你没有意识到。比如，老板叫你过去私下谈谈，你就认为自己要么升职了，要么就是被炒了。"滑坡谬误"（slippery slope）也属于错误推断，不过刚好跟上一条相反：你认为一个事件会引发出后续的一连串事件，但其实肯定不会。

从某种意义上说，你的大脑会"背叛"你，而且方式多到数不清，上面举的这些例子只是一部分而已。虽然它的本意是让你保持警觉，但有时候威胁感会过度膨胀。你的身体无法分辨这些威胁究竟是否属实，它一律会做出反应。

该如何纠正错误推断？

想要纠正它，第一步就是要意识到你在做错误推断。在绝大多数情况下，一旦你意识到自己在做假两难推理，或是做出了草率归纳，你就会停下来。你知道发生了什么，然后自然也就放下了。

不过，要训练大脑自动停止这种行为，还需要花点时间。头脑就好比一个搜索引擎，能自动记录你输入的关键词。如果多年来你把某个词输进去很多次，那今后一段时间这个词肯定还会自动跳出来。你必须要不断地输入新的想法、选择、刺激，来取代那些自然而然跳出来的东西。

这不但是可能的，更是必然的。当你持续去做一件事，最终肯定会适应它。你的大脑开始调整舒适区的边界，最后它会自然而然地用逻辑的方式思考，就像当初用夸张的方式思考一样。它会自然而然地感受到冷静、镇定，就像当初感受到焦虑一样。这需要自我觉察，也需要时间，但无疑是可以做到的。

担忧是最弱的防御

忧思是创意之源。这两个功能是由同一个脑区掌管的[11]。

之所以会有"忧郁才子"这种老套的形象，背后的神经学原理就在这儿。任何一位艺术家都会告诉你，是生命中最艰难的时光启发了他们，令他们创作出最具突破性的作品。不过，他们不会告诉你的是，危机并不是必要条件。

对啊，危机当然不是必要条件。你肯定在想：危机是最糟糕的情况。可是，有多少人把自己时刻置于恐慌之中，就是因为担心那个"最不可能发生的情况"变成真的？有多少人每天都在努力地回避恐慌，结果却因恐惧制造出了危机？

我们不是受虐狂。我们是非常聪明的智慧生物，却也总在无意识的状态下行事。我们的大脑是这么想的：如果能预想到最深重的恐惧，就可以做好准备。如果一遍遍反复思量，就能获得某种安全感。如果我们为暴风雨做好了准备，它就不能伤害我们。

但它确实能。

过度担忧不是大脑出了故障。如果你做不到"别再担心不就行了"和"享受生活呗"，不是因为你不够强悍。担忧是潜意识里的防御机制。我们之所以会担忧，是因为对某个东西特别重视，以至于特别担心它会伤害我们，于是我们就打算为它而战。

恐惧的对立面是什么？是你渴望的东西。你是如此渴望得到它，以至于宁可违背理智也要守护它。

这么想没什么不对，但是，做足准备、朝着新方向走也没什么不对。

事实是，担忧并不像我们以为的那样能保护我们。我们没办法痛击恐惧，把它逼到"赛场"之外。担忧令我们变得格外敏感，凭空想象出无穷无尽的负面结果。它让我们期待坏事发生，去寻找、去制造最糟糕的情景。万一危机真的发生了，我们会感到恐慌，因为我们的大脑和身体已经为这场艰难的战争做了很长时间的准备。

如果我们不曾如此过度地预想那些可怕的事，即使有朝一日它们真的发生了，我们不会受到这么大的冲击。我们会如实地看见事情的状况，并做出相应的回应。

恶性循环就是这样形成的：我们翻来覆去地担忧一件纯粹是臆想出来的事，而它并没有发生——当然了，这是因为它本来就不可能发生——可是我们因此把担忧和安全挂上了钩。看见了吧？我把这事反复想了那么多遍，所以避免了它发生呀。

但事实压根儿不是这样。

如果想减轻忧虑，"别再担忧啦，要活在当下"这样的劝解是没用的，这反而会让人更加恐惧，因为这实际上是在要求他卸下防御。当一个人已经绷紧了弦儿，一触即发的时候，让他感到脆弱可不是正确答案。

相反，你需要换一种方式来获得安全感。

与其把时间花在预演未来上，去设想万一某某场景发生的话你该有多么恐慌，还不如去想象一下，如果是另一个人遇上这种事，他会怎么办。或者想象你能转换角度看待这件事，甚至把它看成一个机会，利用它创造出平常做不出来的东西。

与其害怕某种"可能会遇上的困难"而变得缩手缩脚，不如想办法让自己的内心变得更强大。告诉自己，即便失败了，别人也不会像你担心的那样，去评判你、排挤你，或厌弃你。

与其浪费生命，总想着找出下一个需要担忧的事情，然后去"克服困难"，不如学着转换到一个全新的思维模式：完整和公平的人生，其含义并不是好事和坏事要平衡相抵。稳定、完整、健康、活力，这些都是你与生俱来的权利。你可以拥有想要的一切，你可以活得安宁平和，这一切都是被允许的。

  担忧是一种非常原始的情绪，它满足了我们内心深处的一种需求：我们需要感觉到自己征服了危险，因此是受到保护的，是安全的。可与此同时，它又让我们感到很不舒服，因为心中一个更高层次的声音在告诉我们，这并不是必需的。事实上，它正在阻止我们成为那个想要成为也理当成为的人。

  想要满足情绪上的饥饿感，还有更好的方法；为了获得内在的宁静而与自己对战，肯定不是其中的一种。

― 第 5 章 ―

放 下 过 去

在一生中，我们会定期经历自我更新的过程。

我们理当随着时间改变，我们生来就是被设定为要进化的。人类的身体就证明了这一点：有些细胞被淘汰，有些细胞被重置，以至于有些人认为，每过七年，我们就彻彻底底是个"新"人了[12]。

心智与情绪方面的成长也遵循类似的过程，只是变化得更为频繁。因此，为什么有些最深切的痛苦源于对这个自然过程的抗拒，也就不难理解了。我们之所以感到痛苦，是因为虽然必须要改变，可身上还背负着过往的包袱与残片。当我们日复一日地携带着尚未解决的情绪，也就渐渐地把往日的创伤带进了未来的生活。

放下过去是一个过程，也是一种能力，一种我们必须学习的能力。让我们就从这里开始。

如何迈出第一步

你无法强迫自己放手，无论你是多么确信自己想要这么做。

现在，你需要放下"曾经的自己"：往日的痛苦，结束了的恋情，还有所有的内疚——你曾花费了那么多时间，阻拦着自己，不让自己去追求真正想要和需要的东西。要想从自我破坏中康复，放下过去往往是必经之路。

然而，你无法把一样东西从脑海中驱赶出去，无论你是多么不想让它留在那儿。

你没办法轻易地松开手，放松一小会儿，然后下定决心，从此彻底不再想某件事——在此之前，你的整个世界可都在围着它转。

放手不是这样的。

旁人劝你要"往前走"的时候，当你意识到不得不承认失败的那一天，当你发现希望确实十分渺茫时，心里猛然一沉的那一秒……在这样的时刻，你是不会放手的。

单凭下定决心，告诉自己从此绝对不再重视那些往事，你是无法成功放手的。以为自己能做到的，都是从来不曾经历过念念不忘的人，他们从来不曾为了安全感、为了爱、为了未来而深切地依恋过某样东西。

听到有人轻描淡写地对你说，"放手吧"，你简直想发火。这种反应并没有错，因为他们没法理解你头脑中和心里的暴风骤雨。

此生你耗费了那么多时间，那么多心力，辛辛苦苦地维系、握紧，现在怎么可能说放掉就放掉，然后就像没事人一样恢复如初？

你确实不能，而且你也不用这样做。

在这一天，你开始放手：你往前迈出一步，开始创建新生活，然后你任由自己躺在床上，盯着天花板，哭了出来，想哭多久就哭多久。

在这一天，你开始放手：你意识到自己不能再继续围着生命中的缺口绕圈子了，重复此前的生活不再是你的选择。

在这一刻，你开始放手：你意识到这就是动力，这就是催化剂，这就是电影里演的、书本里写的、歌曲里唱的那个重要瞬间。

在这个瞬间，你意识到，站在过往的废墟上，你永远也找不到平和与安宁。

如果你想创造新生活，就只能往前走。

当你全心全意地沉浸在创造中，你是如此投入，如此兴奋，不知不觉间，你忘记了过往。在这个时候，你松开了手。

当我们努力逼迫自己"放开"某样东西的时候，只会比之前握得更紧、更迫切。这就好比有人告诉你，不要去想一头白色的大象，结果你满脑子里想的都是白象。

心跟大脑是一样的，只要我们不断告诉自己"必须放手"，就会越发感到依恋。

所以,别告诉自己要放手。

相反,告诉自己想哭多久就哭多久。告诉自己,心可以碎成片,生活可以变得一团糟,日子可以过得七零八落。告诉自己,就算天塌了也没关系。

你会发现,你还站着。

在这劫难后的废墟上,你创建出来的新景象是如此令人叹为观止,意蕴深长,你会领悟到,这就是祸兮福所倚吧。或许它唤醒了你心中的某个部分——如果没有被逼到这个境地,没准这部分的你还在沉睡。

如果你很确定,你还无法放下那件令你受伤的事,那就别放。

但是,今天请你往前迈出一步。到了明天,再迈出一步。为了自己,重建新生。一步接一步,一天又一天。

因为这一幕迟早会发生:有那么一个小时,你发现你没有想着那个人或那件事了。之后,是一天,一周……然后是好几年。恍然间半生过去,你以为会击碎你的每一件事都变成了遥远的回忆,你回头看看,一笑而过。

你失去的都变成了你深深感激的。当时间渐渐过去,你看清了,原来那些东西并非道路,而是阻挡你前行的障碍。

借助心理学方法，放下过去

一段经历结束了，未必就真的过去了。

我们把未完结的、未解决的情绪体验储存在身体里。在认知层面上，我们往往会发现，曾经遭遇创伤的那段日子阻碍了我们成长。当年我们被吓坏了，一直没能克服那份恐惧，于是成长就停滞了。

但我们往往没有意识到的是，伤害我们最深的，其实并不是表面上的那件事：在表象之下，隐藏着我们当时深深渴望的东西，时至今日，我们可能还在由衷地向往着它。令我们心碎的不是分手，我们心碎是因为渴望那份不适合自己的爱情；令我们痛不欲生的不是失去，我们痛不欲生是因为太想让那个人或那件东西继续留在我们的生活中。

我们的心智被困在了某个地方，依然渴望从那里得到想要的体验。但我们没有意识到的是，我们必须把自己从那个地方"释放"出来，这样才能继续往前走，在真实的时间中去创造体验。

与其接受"人生不如意"的想法，更好的做法是，看到这种渴望的内核是什么，然后想办法在当下让自己获得那个体验。

如果你真想放下过去，就需要通过记忆重新回到过去。闭上眼睛，去感受身体，去感受那个让你感到不舒服的情绪。

这就是通往根源的大门。跟随你的情绪感受，请它告诉你起点在哪里。你会想起某个时间，某个地方，或者某段经历。有时，记忆足够鲜明，你都不需要做这些，只需想象一下当年的场景，就可以重回那段记忆。

现在你需要做的，是对当年那个年轻的自己说一段话。你需要想象，那个已经治愈了伤痛的、快乐的、年长的自己，在传授智慧。

想象你坐在年轻时的自己身旁，那个你正在经受着心碎。你要给他非常具体的指导建议：为什么这件事其实是好事；虽然你现在还不知道，但日后你会遇到另一段恋情，要比这个好得太多。

想象一下，当那个年轻的你非常消沉难过，你走过去坐在他身边，给出非常具体的建议，告诉他需要做些什么来让自己感觉好起来，比如给谁打个电话，去哪里走走，需要开始做些什么事，或是从此不再做什么事。

最重要的是，想象自己告诉那个年轻的你，所有的事情——对，所有的——都一定会好起来。他的恐惧在很大程度上是站不住脚的，好事即将发生，到最后生活必定会好起来。

这样做，才能放开旧日的执着，允许那个部分的你与现时当下以及其中蕴含的一切重新建立联结。

虽然你不能改变过去已经发生的事情，但是，通过转换视角，你可以改变现在的感受。你可以改变那个故事，你可以改变你的生活，你可以不再紧抓着过往不放——在那段生活里，你被要求成为另外一个人，而那不是你真实的模样。

事实是，当我们不健康地执着于过往的某件事情，我们对它的看法往往是扭曲的，没有看到它如实呈现出来的全貌。我们需要帮助自己拓宽视野，敞开面对真相。别再渴求当年未曾得到的东西了，我们必须把自己从过去释放出来，开始把精力投注到现在，在现时当下去创造想要的体验。

一旦这样做了，我们就可以自由地踏入潜能之境，那里有无穷无尽的可能性。我们可以自由地去成为一直想成为的那个人，创造出一直想要的东西，并拥有一直想要的东西。就在此时，就在此地。

不断地回想过去，并不意味着你想要回到过去。

无法忘记过去发生的事，并不意味着你喜欢一遍遍地重温，虽然此时此刻你很可能依然在想着它。

人生最不可思议的事情就是，它会兀自静悄悄地前行。你失去了最亲近的那个人，世界许你几日悲悼，然后就期望你继续向前走。你的生活发生了翻天覆地的变化，你遭受了深深的创痛，却随即发现，社会只给了你一点点空间来容纳你的恐惧。

你可以哭泣，可以悲伤，可以取消几个安排，没人会责怪你；你可以请几天假不上班，还可以找个人听你倾诉几次。这些事情都是被允许的。

可是，这次失去令你的每一寸生命都感到痛楚，要处理和接受这份沉重，可不是一两天就能完成的。世界并没有给你足够的时间，于是你只得拙劣地应付一番，继续往前走。

有一天，当你醒来，你发现无论用什么尺度衡量，你都已经往前走了。你离出发点已经有那么远，甚至都没法清晰地记起它的模样。可你低估了一件事：虽然你可以离开某个地方、某个人、某个情境……但你没法离开你自己。

所以你会不断地回想起过去，这有什么好奇怪的呢？你都没机会拿一盏灯，把那处黑暗照亮，告诉自己一切还好。你根本就没多少机会啊。

当你的思绪被卡在了过去，这不是因为它想要回到那里，而是因为你受到的影响远比察觉到的更深远，事情的余波依然在一阵阵拍打着你。

它们化身为念头，时不时地浮到表面，但在表面之下有深暗的回声，那种力量能把你打回原地，好似你从未离开过一样。

你可以离开一个国家，可以再婚，可以建立起一份全新的事业，可以约会一连串的人，结交一群全新的朋友，你可以比以往任何时候都幸福充实，但与此同时，却依然为当年那个年轻的你所经历的事而悲悼。

尽管你的外在已经很不一样了，但那个年轻的你依然留在内里，不想让你一路走远，它想让你回来，看见它，承认它。

你会的，只需假以时日。

你当年之所以有那样的感受，不是你的错，也不是你的问题。你就像任何一个健康的人一样，对境况做出了回应。把任何一个人放到你的位置上，反应都会跟你一模一样。他们的感受也会跟你一样。

你是一个健健康康的人，你经历了创伤，做出了相应的回应。

你向前走了，因为你只能如此，而且你没有病态地与往事彻底割裂。

你依然会不断地想起往事，这是个信号，说明你比你以为的更健康，比你意识到的更愿意疗愈，比你预想的更加愿意原谅。萦绕在你心头的一切，看似挥之不去，但实际上都已经在你的意识中浮现出来，这样你就可以看见它们，然后送它们优雅离场。

你不再是当年的那个人了，即便那些碎片依然还是你的一部分。

你感受到痛苦，不等于你被击碎了；你正在看见自己——通过看见，终得解脱。

放下不切实际的期待

等到你把身体虐成理想中的模样，才说爱自己的身体，这算不上有多勇敢。

等到你可以得到世上的一切，才说你不在乎是否拥有，这算不上有多勇敢。

等到你有了足够的钱，才说你不为钱做事，这算不上有多勇敢。

等到你修复了每一道伤疤，征服了每一个困难，才能感受到幸福和安宁，而且你决意要在"等到"这一切都实现了之后才能开始生活，那么你其实什么问题都没解决。

你只不过是加固了一个想法：除非样样事情都完美无缺，否则你就没法好好生活。

事实是，当你修复了一切问题，并且以为这就叫作"疗愈"的时候，你并没有改变人生。

当你开始以最本真的模样面对生活，你改变了你的人生。当你能够愉快地接受"我在此地就很幸福"的念头——即便你想往前走——你改变了你的人生。即便你看上去还不太像理想中的模样，但你依然爱自己，此时，你改变了你的人生。当你对金钱、爱和亲密关系有自己的原则，当你对待陌生人就像对待你的上司，当你用打理1万美元的态度来打理1千美元，此时，你改变了你的人生。

当你开始做那件真的很可怕的事——以自己最原本、最真实的模样面对生活——你改变了你的人生。

我们在人生中遇到的绝大多数问题都是干扰，令我们看不见真正的问题所在。真正的问题是，我们无法安住在当下时刻。以本真的模样待在此时、此地，这让我们感到不舒服。

所以，我们必须先疗愈这一点。我们必须把问题的根源先解决掉，因为余下的一切都是从这里衍生出来的。

我们必须要勇敢，要直接面对那个不舒服的感觉。在它旁边坐下，哪怕它让我们心烦意乱，对我们迎头痛击，让我们确信永远也找不到出路。（肯定能找到的。）

我们必须要仔细倾听，看看是哪里不对劲，去感受它，穿越它，允许它存在。

事实是，这份不舒服的感觉就是真正的问题，而我们围着它忙前忙后，试图去解决一件又一件事——那些事情只是表面上的"症状"而已。

解决了钱的问题，我们就开始关注身体。身体没问题了，我们就开始关注亲密关系。一旦把在意的问题全都搞定，我们就又回到起点：我们努力地升级、迭代、改变、修复、发现问题——什么问题都可以，偏偏就是不看手上真正的那一个问题。

当你开始以最本真的模样面对生活，你就开始彻底改变你的人生。

你开始得到真诚的爱。你开始做出最棒的成果，回报最大，而且毫不费力。你开始大笑，你开始重新享受这一切。你开始意识到，之前你只是需要找几个靶子，好把所有的恐惧都投射出去，于是你选中了生活中那些最脆弱、最常见的问题。

当你开始以最本真的模样面对生活，你就会叫那些胡说八道闭嘴：

当外界认为你是有价值的，你才会爱自己。

当你得到了需要的一切，你才开始确立价值观。

等到终于抵达了想去的地方，你才开始建立自己的原则。

等到有人爱你，你才会幸福。

你向世界宣告，你从此不会这样想了。

当你以本真的模样面对生活，你打破了这些思维模式。

你曾经以为，生活中的美好，只能留给"更高版本"的你，而你多半永远也变不成那个样子。但现在你不再这样想了。

在你还不知道如何以本真的面貌生活，并允许自己的情绪存在的时候，你总是得向自己解释，为什么你就不能自然地、开心地活着呢。这向来是你和自己之间的争战。当你依然生活在黑暗之中，你只得压抑情绪，并把它投射到其他的问题上。但从今以后，不会再这样了。

今时今日，你以自己本真的面貌出现，并拿走本该属于你的东西。你现在就有这个资格，不需要成为某个臆想出来的、更高版本的自己才可以。你以为那是外界的要求，要你变成某种更好的模样才配拥有它。不是这样的。此时，此地，现在就可以。

这是真正的疗愈。

事实上，宇宙并不容许完美。没有裂隙就没有成长。大自然依靠不完美而存在。断层线造就了山脉，恒星爆炸成为超新星,一个季节的消亡创造出下一个季节的重生。

你来世上一遭,不是为了满足头脑中那一堆期待的。你来世上一遭,不是为了把每一件事都做得百分百正确,而且时机还得把握得好。要做到那种程度,就得赔上生命里的自发性、好奇心与敬畏心。

放开不适合你的人和事

如果某个人或某样东西注定不属于你,你做什么都没用。

你可以拼上一切去争取;你可以竭力坚持下去;你可以逼迫自己像练头脑体操一般,去四处搜寻蛛丝马迹;你可以请朋友帮你解读短信和邮件里的弦外之音;你可以坚定地认为你知道什么对自己最好、最合适。最重要的是,你可以等。

你可以永远等下去。

可是,不适合你的,绝对不会留在你的生活里。

如果某份工作、某个人或某个城市并不适合你,你没法强迫它们变成适合你的样子——虽然你可以假装一段时间。你可以跟自己耍花招、可以辩解,并给自己定下最后时限。你可以说,再试一阵子就放手,你可以找借口,勉强解释为什么眼下这事行不通。

事实真相是,适合你的会来找你,并留在你身边,即便暂时偏离了方向,也不会太久。事实真相是,适合你的会给你带来一种清晰明确的感觉，不适合你的带给你的是混乱和迷惑。

当你试图把不适合的变成适合的，你会像被卡住一样，束手无策。当你试图强行把它塞到你的生活中，而那个位置并不属于它，你会感到分裂，你"喂养"了一个你没法解决的内在冲突。这个冲突越是激烈，你就越容易把它当成激情——要是这事不对路，你怎么可能有这么强烈的感觉呢？

当然有可能，因为你可以利用头脑，让自己执着于幻象。你可以陷入与现实截然相反的虚幻爱情。你可以像编写剧本一样，去想象当一件件事情终于都尘埃落定，都被安放在最恰当的位置之后，你将怎样生活。你可以活在幻想出来的人生中，在那个世界里，你想要的每样东西都已经在日常生活中扎下了根。

但是，如果这种生活并没有成真，它也只是幻象而已。当我们开始深深相信一个幻觉的时候，它会变成妄想，而妄想是个很诱人的东西。

事实是，不适合你的东西绝对不会留在你身边。真的是这样吗？虽然你很想装作不知道，但你知道，你能感觉到。这就是为什么你要抓得这么紧。对于适合你的东西，你可以放手给它自由。你用不着去说服对方相信你们是天生一对，你用不着去罗列证据，就好像要出庭辩护一样。

有些时候，我们会迷失在旧日梦想里，我们会迷失在他人对我们的期待中。我们会被一些想法束缚住，比如认为自己应该是什么样子，应该拥有什么东西。还有一些在头脑中萦绕的念头会令我们偏离方向，比如"要是情况跟现在不一样，要是事事顺心，我的生活**将会**是什么样子，也**应该**是什么样子……"

这就是为什么生活会帮我们"上保险"。有时候，它会把不适合我们的东西撤走——当我们不愿意看见真相的时候。

因为真相就是，我们其实并不想要那个不适合自己的东西，我们只是执着于它。我们只是害怕。我们只是陷在一个错误的假设里，以为没有更好的能替代它，而它的缺席会开启一个深不见底的痛苦深坑，我们对此毫无办法。我们并不想要那个不适合自己的东西，我们只是认为它能让我们感到安全，因此不敢放开它。

可笑的是，让人最没有安全感的，莫过于围着不适合自己的东西打转。它倒塌的速度比任何东西都快。它在我们心中掀起的混乱，没有其他任何事情能比得上。

不适合你的东西绝对不会留在你的生命中，这不是因为有超凡的外力在操控我们的日常生活。不适合你的东西之所以不会留在你身边，是因为在你的内心深处，你知道它不适合你。你才是那个最终放手的人，你看清了现实，然后转身走开。你是那个抗拒的人，犹豫止步的人，你是那个编造出治愈幻象的人——你幻想着有朝一日，当你迫使一个不适合的东西终于变成适合的，一切该有多么美好啊。

不适合你的东西不会留在你身边，是因为你并不想要它，因此你不会选择它。做好准备之后，你就会走开；有能力放手的时候，你就会放手。而且自始至终你都明白，你爱上的，不过是那一线光亮玩的小把戏——因为那一线光亮让你感到安全。

疗愈情绪创伤

你可能以为"创伤"是个比喻，可它确实就在你的身体里存在着。

创伤就是，某样事物吓到了你，而你没能从恐惧中复原。如果没能解决或"战胜"这份恐惧，你就会进入并停留在持续性的"是战还是逃"的模式中，而这正是人类为了求生而产生的恐慌反应。

创伤是一种与基本安全感断联的体验。除非你能重新建立这个联结，否则，一种极具破坏力的偏见就会扭曲你的世界观：你会变得超级敏感，这意味着你会认定别人对你有恶意、思虑过多、反应过度、会被并不相关的事情激起情绪，认为某个中立的情境是针对你个人的，并且停留在"对战"的心智模式中。

经历创伤之后，你的大脑会暂时"重新布线"，以便在一切事物中搜寻潜在的威胁，这就让人很难走出原本的困境，也很难不发展出受害者情结。毕竟，大脑在竭力地向你展现每一个想象出来的、危险即将来袭的情景。

正是因为这个原因，暴露疗法成为治疗恐惧或焦虑的非常有效的手段。逐渐把引发压力的元素重新引入一个人的生活，然后向他证明，他可以掌控这些。由于控制感和安全感被重新建立起来，大脑就可以再次回到中立的状态。

也正是因为这个，那些拥有更强的社会纽带和心智复原力的人在遭遇创伤事件后，更有可能把这个事件视作催化剂，来帮助自己内省、成长、同情他人、疗愈创痛，而不是走向反面，做出自我破坏行为。他们与至关重要的安全感之间的联结有很多，即便其中的一条联结被破坏了，其他那些联结还在，还可以起到支持作用。

经历创伤事件后，你的大脑里会发生什么变化？

从神经科学的角度来讲，我们处理压力的脑区有三个[13]。

第一个是杏仁核，第二个是海马体，第三个是前额叶。患有创伤后应激障碍（PTSD）的人的海马体（情绪与记忆中心）比较小，杏仁核（沉思与创意中心）的功能更活跃，内侧前额叶/扣带回（掌管计划和自我发展等复杂行为的中心）的功能受到抑制。

这样一来，为什么创伤会对我们产生如下影响，答案就很清楚了：

- 我们的大脑停止了对记忆的充分处理，给我们留下已发生事件的碎片，有时这会让人产生解离的感受。
- 我们对于一系列情绪的管理能力都会降低。
- 我们变得刻板、被动，很难对未来做出规划，自我发展能力与实现想法的能力受阻。

- 当我们进入"是战还是逃"的模式，身体会中止一切与求生无关的高级功能。身体的主要受体对刺激变得极为敏感，反应极大。对人类来说，这种功能至关重要，也很美好，它让我们这个种族得以生存下来。然而，这不是一个可持续的状态。

数个世纪以前，当我们还位于马斯洛层级[14]的最底端，我们最关注的就是生存问题。如今，我们关注的重点主要是自我实现、人生的意义，以及借由社会接纳、金钱、思维敏锐度等手段来获得"安全感"。

在这种灰色地带，显然会有更多人在心智和情绪方面感到挣扎——之前他们遇到的挑战更多是身体上的。

疗愈的方法非常简单：重新恢复安全感。

然而，恢复的最重要部分就是，你必须在当初遭遇创伤的那个领域中，把安全感重新建立起来。

人们的做法往往是这样的：如果在年轻时被爱情伤害，他们会把精力投向追求成功或变得更有魅力上。在他们看来，如果他们"足够好"，就永远不会再被人拒绝。然而，我们都知道事情不是这样的。这种信念会让我们对成功或个人魅力产生不健康的、有破坏力的执念。

如果我们因爱情而受伤，我们应当通过经营另一段健康的、安全的感情关系，来重新找回安全感。

如果我们因金钱而受伤，我们应当去做该做的事，确保自己挣到足够的钱，然后积极储蓄，以备不时之需。

如果我们因失去工作而受伤，我们应当制订一个后备计划，或是寻找一些临时性的工作机会，以免再次遇上这种事。

如果我们因霸凌而受伤，我们应当去结交新朋友，来重新找回安全感。

但绝大多数人的做法是去生活的其他领域中寻找过度的补偿。例如，如果他们在恋情方面受挫，就会去囤积金钱，好让自己感到"安全"。当然，这种做法往往没有用，因为真正的问题始终没有解决。

创伤不是比喻，它是大脑中切实存在的状态变化。想要帮助你的身体重新回到正常状态，唯一的办法就是重新创造出安全感，让你能够"关闭"求生模式，重归正常生活。

清理淤积的情绪

淤积的情绪就像电子邮件的收件箱。

这个类比可能有点简单，但很说明问题。当你感受到情绪时，就好比你收到了身体发来的小邮件，一次一封，逐渐累积起来。如果你从来不打开这个收件箱，最终就会攒上数千封未读邮件，这些都是真实的、深刻的关键信息与重要洞察，却完全被你忽视了。想要推动人生向前发展，你可少不了它们。不过，你也不能整天光坐在那儿，收到一封就回复一封，这样你就什么事也别想干了。

有人认为应该有选择地去感受情绪，但这个看法是错的。不过，我们都是回避情绪的大师，方法可谓五花八门：借助外物来麻痹自己；投射和评判他人，这样就可以盯着别人的错误，而不是自己的；去追求各种各样世俗意义上的成功；以及，在最基础的层面上，我们把身体变得极为紧绷僵硬，以至于再也感受不到情绪。

在心理层面上，你多半知道这不是长久之计。淤积的情绪迟早会爆发。到那个时候，你就只能坐下来，默默地待着，睡觉，哭泣，把那些积压的情绪彻底感受一遍。

关于这个阶段，我也希望能有些富有诗意的、神秘的真相与你分享，可是真的没有。此处我能写的，唯有对生理活动的剖析——看一看人在感受情绪时，身体内部发生了什么。

情绪是身体的体验。从内到外，我们的身体会定期更新。我们排便、出汗、哭泣，每过一个月，我们全身上下的皮肤就会更新一遍。情绪也不例外，它们是必须被释放掉的体验。

如果情绪没有被感受到，就会变成"实体"。它们真的会"卡"在身体里。这是因为情绪中包含运动成分，意思是，在它们产生的那一瞬间——在你还没来得及压制或忽视它们的时候——它们就引发了"微肌肉激活"现象。

我们的身体在瞬时就做出了反应。

如果一种情绪刚刚开始表达，却始终没有被充分释放出来，那么在相应的身体区域，疼痛和紧张感往往就会存留下来。

神经科学可以给出解释：前扣带（anterior cingulate），也就是负责管理情绪的那部分脑区，紧邻着运动前区（premotor area）。这意味着，一旦某种情绪开始被大脑处理，它会立即引发一个生理的、身体层面的回应。运动前区连接上运动皮质（motor cortex），随后指挥特定的肌肉，去表达那种情绪。

哪块肌肉表达哪种情绪？这个要看具体情况。

语言中有很多线索能透露出身体对情绪的反应。我们会在腹部感受到疑虑（比如"满腹狐疑"），在胸口处感觉到难过（"心碎"就是从这儿来的），在肩部感受到压力和焦虑（"把整个世界扛在肩上"），而人际关系问题会体现在脖颈的位置（说某个人很讨厌的时候，我们会说"他简直让人脖子痛"）。

但实际情况远比这复杂。比如，有人对你做了越界的事，你的直觉反应是冲他大声嚷嚷。可你知道吼他一顿也没用，于是就忍住了。尽管在当时这可能是正确的举动，但你的身体可能会把残留的紧张感存储在脖子或喉咙的位置。在有些情况下，情绪与身体的关联可能更加抽象，比如人们在生活中因为"向前走"而遭遇创伤之后，膝盖或脚部可能会出现疼痛等。

事实是，我们的身体在通过无声的信号跟我们说话。如果我们能学着去解读它们，知道身体想说什么，那么我们就能用全新的方式疗愈自己。

现在你知道了，如果情绪没有被彻底表达出来，有时候就会存储在身体里。那么，我们该怎样把它们"冲刷"出去？

方法有很多，关键是找到适合你的。没有哪个方法适用于所有人，但确实有几个方法对绝大多数人都很有效，特别是把它们综合起来使用的时候。

别再借助冥想来感受平静，冥想时你只需全然去感受

我知道这句话违背了你所知的关于冥想的一切，但其实这才是冥想的真谛。如果你决定坐下来冥想十分钟，强迫自己放松下来，那么你无异于在制造压力——你本来不就是因为感到有压力，才做冥想的吗？

相反，冥想的真谛就是在静坐的时候去全然体验浮现出来的所有情绪：强烈的愤怒、恐惧、悲伤，头脑中让人喘不过气来的喋喋不休……而且，无论这些东西的诱惑力有多大，触发力有多强，你都学着岿然不动，不做回应。你学着允许这些想法和情绪来了又走，而你始终不做任何反应。

这需要练习。

用"呼吸扫描法"寻找身体里残留的紧张感。

一般来说，不用费多大力气就能知道你的身体把痛苦储存在何处。你能感受得到。在胸口、在腹部、在肩头……无论困扰你的是什么。

然而，如果你不能确定，或是你想找到痛苦存在的具体位置，可以试试"呼吸扫描法"。你缓慢地吸气、呼气，在呼吸的间隔不必停顿。这样做的时候，你会渐渐注意到在身体的某处可能会有一点淤堵或阻滞，在呼吸的过程中，你开始具体地感觉到身体把紧张感存在了何处。

一旦你感觉到了，就可以深入一点，进入那种感受，去"看看"它是什么，它从哪里来，它想要告诉你什么。在这种时候，我们往往会回到某段具体的记忆，或是"看到"那个需要帮助或指导的过去的自己。拿个日记本，把你体验到的和看到的记下来，要记得，身体往往是用隐喻说话的，所以不要只关注字面上的意思。

流汗，运动，哭泣

释放情绪的最后一个部分，也是最艰难、最重要的部分，其实也是你唯一需要做的……你得去感受它们。

有时候，这意味着你得允许自己难受，即便那感觉就像掉进了烂泥坑。有时候，这意味着你要逼着自己去锻炼，做瑜伽、拉伸、徒步，或者，直接面对那些引发你强烈反应的想法，让自己大哭一场，把困扰你的东西都宣泄出去。

请记住，情绪健康并不意味着你从此将永远处于平和快乐的状态，而是你有能力容纳各种情绪，既有好的也有坏的，并且不会过于执着于任何一种。同样,心智健康与自我掌控指的是你有能力看见、感受、体验某个念头,却不做出回应。回应,或者应该说是"不回应",就是我们重获力量、收回生命主宰权的关键。

你来到世上,不是为了来追求完美的。

你来到世上,不是为了时时刻刻都幸福快乐的。

但是,如果每一天你都能够充分地活出自我,即便害怕也愿意去感受情绪,你会以一种极为美好的方式实现超越。

疗愈内心的真正含义

内心的疗愈与身体的疗愈是不一样的。如果身体受了伤,你基本上会经历一个渐进的、线性的愈合过程。你逐渐康复,直到有一天,你差不多回到了受伤前的状态。

但内心的疗愈完全不同,因为你不会回到之前的状态了。你对自己披肝沥胆,蜕变成一个全新的人。

如果这话听上去有点暴力和严酷,是因为事实确实如此。疗愈不是幸福美好的飞升,一劳永逸地进入惬意自在、身心健康的境界。疗愈自己,是你做过的最不舒服、最有破坏性、也是最重要的事。

疗愈你自己,是回到你最自然的状态:如饥似渴地追求个人自由,无视他人那些令人窒息的意见,不带疑虑地创造,不带恐惧地生活，无条件地去爱。那个真正的你，就已经是最好版本的你——可能是你从没想到过的那般美好；那个真正的你，也是最本质、最纯粹的你——你始终都是的那个人。

想要到达这个状态吗？有很多功课要做。

要实现疗愈，你需要诚实地将心中的怨恨、进攻性、欲望和恐惧一一盘点，而长久以来你一直在忽视它们。你需要逐条检视生活中哪里出了错，以便改正过来。你需要百分百地坦诚面对自己真正的感受，然后去实实在在地感受它们。

你需要去感受萦绕在心间的、深深的创痛——而不是在潜意识中重新创造那段经历——这样你才能找到出口，把它宣泄出去。疗愈是从此不再试图净化自己的经历，不再把它矫饰得完美无瑕。

对于那些令你感到不舒服的、因而切断并埋藏起来的每一种情绪，你都需要把它们充分地表达出来。你需要面对心中的每一抹暗影，因为就在那些看似密不透风的屏障之下，彻底的、全然的自由在等待着你。当你不再惧怕感受任何一种情绪，当你不再抗拒生命中的任何一个部分，神奇的事情发生了：你找到了安宁。

有一点咱们要说清楚：你不会一直这样受罪的，这种痛苦不会持续很久。但是，如果你想蒙骗自己，让自己相信疗愈就是一步步地好起来，直到有一天，你终于理解了过往的所有经历，然后恢复到受伤前的状态……嗯，这说明你完全没理解重点。

我们注定要经历这样的时期，有些人把它叫作良性解体。在这一时期中，我们必须调整我们的自我概念，去成为那个能够应对当前情境的人，或者更进一步，成为那个能在当前情境中蓬勃生长的人。

这才是健康，这才是正常，这才是我们应当做出的回应。

但我们畏缩了，因为这让人感到不舒服。从中我们无法马上得到旁人教给我们的、所谓"值得过的人生"的种种好处：舒适、轻松以及表面看来"一切都完美无瑕"的幻觉。

疗愈并不能以最快的速度让我们的感觉变好。它是一点点地建立起应有的生活，缓慢且漫长。它是在审判日迎候我们自己，承认我们曾经在何处蹒跚而行。它是回到过去，去纠正我们犯过的错误，解决郁积在内心深处的愤怒、恐惧、狭隘和固执——正是这些东西导致我们身处现在的位置。

疗愈是拒绝忍受变化带来的不适感，因为你拒绝再忍受平庸，哪怕多一分钟也不行。事实真相是，我们躲不开这种不舒服的感觉，无论我们待在哪里，它都会找上门来。所以，我们要么主动拥抱它，比如去拓宽自己设下的限制、打破边界、努力成为梦想中的自己，要么就只能被动地承受它，比如干坐在那儿，反复咀嚼自己捏造出来的恐惧——之所以会感到恐惧，就是因为我们要给自己不肯站起来行动找理由。

在刚刚开始的时候，疗愈是艰难的。它意味着诚实地面对自己，或许你有生以来第一次这样做。它意味着迈出舒适圈，好让自己朝着"想成为的那个人"纵身一跃。它不会让你感到更舒适、更闲散。它会让你渐渐适应这些：让不适感成为你的动力，而不是去害怕它；让静思时间成为你的灵感之源，而不是用它去编织忧虑之网。

疗愈将会改变一切，但它必须始于这一步：愿意去感受那些你害怕感受的东西。

有一点咱们要说清楚：成为最好版本的你，是你与生俱来的天性。这就是你生来要做的事。疗愈只不过是把那些病态的东西，也就是限制性信念和恐惧逐一清除掉，正是它们拖住了你，不让你成为最好版本的自己。

疗愈不是变回先前的那个你，因为那个人没能力看见即将袭来的暴风雨，而且也不知道如何躲避过去。

你本来就不该回到那个不谙世事、未经风霜、不知觉察为何物的状态中去。你不应该回到无忧无虑的无明状态，在那样的生活中，你不知道人生抛向你的东西将是好坏皆有，不知道对比的滋味，不知道什么是痛苦。

在疗愈的彼岸，你得到的要比"回到先前状态"好得多；你只是还没体验过，所以不知道那是什么感觉。穿越了痛苦之后，你将会得到一个更坚韧、更自足、更强大的自己。

你意识到没有人会来救你，因此你必须开始拯救自己，而这正是人生的全部意义所在。

开始这项功课之后,你会找到内在的力量。你会意识到,你有力量,也有影响力,你完全可以为自己的人生制定战略,重新设定方向。你会意识到,你完全可以把生活建在"你做了什么"之上,而不是那些你无法控制的事上。

当你终获疗愈,你曾经破碎受伤的部分会变得更加坚韧、强壮;你曾自高自大的部分会变得更加脚踏实地;在曾被你忽视的事情上,你会变得更有责任心。你变得更加敏锐,更有能力,更有意识。你变得更加周到体贴,更富有同理心,你会更有觉知,更细心。

但有一样东西,你不需要拥有更多,那就是恐惧。

恐惧不会保护你,但行动可以。担忧不会保护你,但做出准备可以。想得太多不会保护你,但理解可以。

经历创伤之后,当我们紧紧抓住恐惧和痛苦不放,这实际上是把它们当成了一张安全网。我们错误地以为,如果能经常告诉自己,那些看不见预兆的、糟糕的事情是有可能发生的,那么我们就能躲过去。可是,这个方法不但不管用,万一真遇上那些事,它还会削弱你的反应能力。

这是因为,在绝大多数时间里,你都在忙着担忧"壁橱里的怪物",结果忘了关注那些真实存在的、确实会随着时间逐渐侵蚀你的力量的东西,比如健康、人际关系、长期愿景、财务状况,还有头脑中的想法。

当你彻底被治愈之后,你就不会再容忍不适感。当某件事出了错，你就去发现问题，然后采取行动解决问题，因为你已经看到过不采取行动时会发生什么。

当你彻底被治愈之后，你就能做到"想在前面"，并且理性地考虑因果。你知道行为会产生后果，所以，要想更好地掌控生活中的结果，必须更好地调整自己的行为习惯。

当你彻底被治愈之后，你会认识到，最重要的莫过于具备享受当下的能力，就在此时，就在此地，任何阻挡你活在当下、充分体验人生的东西，都是你需要面对的挑战。

因为人生短暂，光阴易逝。你今天拥有的，可能明天就会失去。紧紧抓住，用"拒绝接受失去"当绳索把它绑在身上，都不意味着它会变得更安全。这只意味着，当失去它的那一天到来——任何东西、任何人都如是——你会意识到，你从未真正享受过拥有它的乐趣。

疗愈意味着什么？它意味着你来到了这样一个地方：在这里，你把人生的质量——这只有一次的短暂人生——排在最优先的位置，其他任何事情都没有它重要。

往前走不等于复仇

你身上发生的这些脱胎换骨的蜕变，别人未必看得见。它们不一定会在表面显现出来。

如今，有太多人在宣扬"复仇式瘦身"和"变美后重新赢回他的心",他们告诉你,"终极大变身"的成果就应该在社交媒体上大肆贴满,昭告天下。在这样的世界里,我们已经忘记了疗愈、提升、向前走的真正意义。

真正的蜕变不是为了证明以前看低你的人是错的,而是你终于感觉到如此满足、对未来充满了希望,以至于你完全不再去想他们了。

如果你改变生活的目的是想让它"看上去"不一样,而且这就是你唯一的目的,那你依然在围着别人的意见打转,那些人并不爱你,也丝毫没打算爱你。

你能分辨出两者的区别。真正转变了的人不会只关心"看上去"怎样。他们会有意识地把焦点放在自己的感受上;他们重视的是,在一切表象之下,自己是不是真的过得好。

真正的蜕变是真诚的。它是撕去表面上的一切掩饰,找出真正的问题。它是疗愈、是改变,而且是永远的改变。它是你生来第一次把自己的心看得比旁人的眼光更重要。

任何人都能拼凑出看上去很美的画面。任何人都能对照片做编辑、加滤镜,然后一张张地连起来,讲出一个故事,描绘出一种表象。任何人都能买到美丽,任何人都能变得更好看(如果真付出努力的话),任何人都能说服你,让你相信他们过得比实际情况好。

如果他们如此刻意地想要证明这一点,那多半是因为他们的内心依然如此空虚。

比起十年前，你显得更健壮了，还是更苗条、更漂亮、更阔气了？如果你一点都不关心这些问题呢？

如果你更加关心的是自己是否学会了自尊自重，是否摆脱了情绪的左右，是否拥有了真挚的爱情、清明的心智、热爱的工作、看重的事业，是否变得更加善良，更富同理心……如果是这样呢？

如果你的成就无法拍照为证，无法用数据衡量，无法通过像素和状态更新随手发布到网上，又会怎样？你今天的感受如何？比昨天好吗？你感到自己更加完整，更加自信吗？

事实真相是，人生中并无"此前"和"以后"。我们始终处在蜕变和成为的过程中。你心心念念等待的美照发布时刻、逆袭翻盘的成功案例——比如某人斗胆再次联络了你，并且终于看见了你容光焕发、扬眉吐气的模样……不过是一场戏而已，而且是你的独角戏。

没有人在用你以为的方式看你。没有人在用你期待的方式想你。他们正看着自己呢，他们心里想的是自己。

他们在阅读自己。

这不悲哀呀，这是解脱。这应该是你获得终极解放的巅峰时刻。

事实真相是，你没法证明任何人错了，除了你自己。出现在你过往人生里的那些人，你害怕他们小瞧你，但他们很可能并没有那么想。

了断是为你自己而做的。成长是为你自己而做的。改变是属于你自己的。这一场蜕变是你与自己的对决，你与自己迎头相遇，而此生第一次，你看见了自己。在这场蜕变中，你知道自己能成为什么模样，而你真的做到了。在这场蜕变中，你终于尽情发挥出了自己的潜力。

　　但最重要的是，你意识到了，之前的你并不是最好的自己。

　　之前的你，没有用你希望的方式行事。

　　之前的你，没去做应该做的事。

　　之前的你，不是你希望的模样。

　　但凡我们急切地想证明别人对我们的看法是错的，这实际上是在竭力压制心中那盘桓不去的失望——我们没有活出自己期望中的模样。

　　所以，请记住这一点：下次当你再想编写一个光鲜诱人的"蜕变故事"时，问问自己，为什么你依然在等待他人的认可。

　　答案是——差不多肯定是——因为你依然没有认可自己。

第 6 章

构建全新的未来

现在你已经做完了最艰难的功课,逐渐放下了过去,接下来你需要把注意力转到新的方向,去构建一个全新的当下和未来。当我们放下过往,就相当于擦净了画布,要着手创造更好的东西了。

有些人做了努力,却没能成功放下过去。最常见的一个陷阱就是,他们把关注的焦点始终放在"过去"。现在,你的功课应该是:设想出你想成为的模样,与最强版本的你建立联结,通过日常行为来设计你的人生,发现你真正的人生使命。

遇见未来的自己

心理治疗中有一个很受欢迎的工具,叫作"内在小孩功课"[15],也就是在想象中与当年那个年轻的自己建立联结。在这个过程中,你可以提供指导建议,甚至可以回到创伤发生的特定事件中,用你现在具备的智慧去处理问题。

但更多情况下，与你的内在小孩重新建立联结，是让他有机会跟你沟通。借此你会重新发现自己内在的欲望、激情、恐惧和感受。

这个过程类似于逆向工程，也就是说，你发现了人生的终极目标，然后倒推回去，看看为了实现这个目标，你在每天、每周、每月、每年需要做些什么。不过，这个工具也可以反过来用。你可以运用这种视觉想象的手段，跟已经发挥出最大潜能的、未来的自己建立联结。

第一步：先面对恐惧

拿个日记本，找个安静的地方坐下来。确保你感到放松，并且心态开放，愿意接受指导。如果带着恐惧进入这个过程，你会收获恐惧。

接下来，闭上眼睛，进入冥想状态。花几分钟深呼吸，保持稳定中正。想象自己正坐在一张舒服的桌子旁边，屋子里有明亮的光线，你感到愉快、安宁。

然后，邀请未来的你坐下来聊聊天。你可以"设定"他的具体年龄，但一般来说，你的直觉反应就可以，也就是你第一眼看到他时的年纪。

明确地邀请他坐下来。如果你一开始看到的是某种可怕的景象，要知道这是你害怕发生的事在头脑中的反映，而不是将要发生的事实。

一旦度过了这个阶段，你就可以开始接受建议了。

第二步：观察未来的你是什么模样

除了想象未来的你会对你说些什么，请注意他的样子、举止，还有跟你说话时脸上的表情。

这项"遇见未来的自己"功课的用意，就是让你与那个自己合二为一。你要清晰地想象那个最理想版本的自己，这样你就知道现在的生活需要如何改变和成长了。

看看他穿着什么，他的感受如何，每天做些什么。这些就是你成为他的关键。

第三步：寻求指导

如果你带着一张长长的清单进入这个过程，上面列的都是可怕又宏大的问题，期待未来的你给出答案，那么你多半会因为恐慌而中断联结，而不是以开放的心态去接受强有力的指导。

相反，开放地对待他想跟你分享的一切。那些信息会是积极正向的，令人振奋，也让人信服，会对你很有帮助。即便他跟你说的是"你需要放下这段感情"这样的话，他说出的方式也会是从容的、笃定的，让你能够满怀信心、心平气和地接受。

第四步：想象他把通往新生活的"钥匙"递给你

还有一种"未来的自己"的练习也很有帮助：想象你现在

正跟三年、五年或七年前的自己坐在一起。这个时间差距应当足够小，确保你依然能够感同身受，但也要足够大，确保你已经发生了实实在在的变化。

想象你坐在一个常去的地方，家里也可以。你要做的，就是把现在生活里的一个小物件递给他，以及要从那个他成为现在的你所需的一切信息。

你可以把你的车钥匙递过去，或者是工作邮箱地址、银行账号、一套衣服等，也可以给出一些职业发展、感情关系、日常习惯方面的行动建议。

同理，你也可以想象未来的你把某件东西递给你。想象他递过来房子的钥匙，告诉你未来婚礼上演奏的乐队的名字，任何象征着你心目中最理想生活的东西都可以。

请记住，这个过程应当令你感到平静、笃定、更加自信，而不是与之相反。恐惧是幻象，是头脑与腹脑耍的把戏。在你的成长过程中，未来的你是可以参与进来的，他会提醒你一切皆有可能，并会赋予你力量，帮助你带着确定、明晰和优雅的态度去生活。

走 出 创 伤

如果某件事惊吓到了你，而你一直没能克服那份恐惧，就会经受创伤。

创伤就是与安全感的基本源头断联的体验。如果一个人与早期养育者之间的依恋关系被破坏了,这种创伤最为严重。不过,世界能给人造成创伤的方式真的有无数种,只是程度有别罢了。

关于创伤是什么、从哪里来,学界有很多种理论。有些人认为,它是经由DNA,通过身体遗传下来的[16]。有人则辩称,创伤是通过习得性模式和观察而造成的,心智与情绪都会受到影响。最普遍的说法是,创伤是一种人际关系层面的体验,我们在体验中遭遇了挑战,却缺乏相应的处理技能和应对机制。

无论它从哪里来,如果你有某种久久不愈的创伤,你会知道的,因为你能感觉到它。你会感到它在身体里实实在在地存在着。你会感到焦虑、紧张、恐惧、惊骇、悲伤,或内疚。它没有清晰的、直接的原因,你很难说清它的根源在哪儿。你会对某些事情反应过度,即便问题已经解决,你依然会感到恐慌。这就是创伤的迹象。

创伤不在头脑中,而是在身体里。

为了疗愈创伤,你需要知道的第一件也是最重要的一件事就是:创伤存在于身体中,这是确凿无疑的。你把那些情绪、能量和模式储存在细胞层面。

值得庆幸的是,我们可以通过表面上的涟漪去追溯潜藏在水底的问题根源。你可以运用身体的力量来帮你疗愈创伤。

首先，找出是什么导致了创伤。

去细致地感受身体，留意哪里存在紧张感。身体会用僵硬来保护我们。当腿部发生骨折，筋膜就会收紧，就像打上石膏似的，免得受伤的部位再次弯折。同样，当我们遇到令人心碎的事，情绪就会"收紧"，好让我们不会再有同样的感受。

当然，最终我们还是要走路。我们还要爱，还要再次体验生活。我们必须慢慢地让那个努力保护我们的部位重新变得柔软，好让我们继续迈步向前。

疗愈创伤不仅仅是精神分析的事儿，它需要实打实地在身体层面进行处理。下一次，当你感到自己因为某些触发情绪的事情而反应过度时，你会注意到身体开始绷紧，产生了"是战还是逃"的反应。为了疗愈，你需要强迫自己去深深地、舒缓地呼吸，直到身体的紧绷部位重新放松下来。

你需要用到许多自我舒缓的方法：冥想、呼吸、喝足量的水、睡足觉、使用芳香疗法、声音疗法，或其他任何你觉得有效的方法。

你必须采取行动，把你的大脑和身体带出恐慌/求生模式。

其次，重新找回安全感。

你之所以遭受创伤，是因为某些事情吓坏了你，而且你确信它还会"回来找你"。当我们不能面对或不能克服某些困难的时候，就会发生这种现象——我们认定这威胁会永远在那儿盘桓不去。

心理层面上的创伤疗愈，意味着你需要把断开的联结重新连上，在哪里断掉，就在哪里连上。

如果你在情感关系上受创，你需要建立起健康的情感关系。如果你在金钱方面受创，你需要好好与金钱相处。如果你曾因旅行受创，那么你需要再度踏上旅途。

如果我们永远躲着这些事，就不可能找到解决办法。事实上，我们往往会发现，在恐惧的掩盖之下，我们对这些事情的渴望远胜其他。

最后，停止灵媒式思维。

最后，为了疗愈创伤，你必须停止"灵媒式思维"。别再假装你能预测未来，或是你知道别人怎么想，别再认为你的感受和想法就是绝对的真理和真相。

在这种思维方式之下，你抓住某种被触发的情绪，然后把它变成令人挫败的恶性循环。你把一件可怕的事情变成预言，认定未来也必然会这样。

你不是先知。你不知道接下来会发生什么，但你永远可以选择自己现在能做什么。一般来说，你并不确定那些最让你恐慌的事一定会发生。它往往只是一个假定、一种投射，是由恐惧化身而成的潜在的可能性。

你或许认为，心里受伤很严重的人才会有创伤，但事实并非如此，每个人都遭受过这样或那样的创伤。但是，决定人生走向的是我们如何回应创伤，如何从创伤中终获成长，并实现自我掌控。

成为最强版本的自己

现在的你，是最强版本的自己吗？

如果你停下来想一想，那答案多半是"不是"。

每个人的个性都有很多面向，我们会根据身处的状况来做出选择。在朋友面前的你，跟在父母面前的你肯定不一样：这是一种社会适应工具。能游刃有余地在不同角色间切换，是心理机能强健的表现。

对于当前生活所需的"各个版本"的自己，我们都很熟悉。我们知道在工作中、在家里、在爱人面前，我们应该是什么样子。但是，对于有一个版本——也就是为了推动人生向前发展，我们需要成为的那个人——我们却往往并不熟悉。

在"内在小孩功课"中，你在想象中见到了年轻的自己，他往往停留在特定的年纪——这要看创伤事件发生在什么时候。你与这个内在的小孩沟通交流，了解他，保护他，或是给他所需的指引。

事实证明，这个方法之所以有着深远的疗愈力量，主要是因为成长并不是途经一个个曾经的自己，而是以曾经的自己为基础，不断地进化和迭代。

其实，"内在小孩"的练习也可以反向操作。你可以在想象中看见未来的自己，并与他建立联结。那个"未来的自己"，就是你希望成为的那个自己；或者说，你知道有朝一日，你必定会成为他。

最强版本的我会做什么？

要成为最强大的自己，第一步就是在脑海中看见他，但也不要让自己脱离当前的情境。你可以这样问自己：最强版本的我现在会做什么？今天他会做什么？面对眼前这项挑战，他会怎么做？他会如何向前走？他会如何思考？会有什么感受？

让最强版本的你成为你人生的 CEO。由他做出管理决定，治理一切。此人是总编辑，是大族长。你为最强版本的自己工作。

一旦你清晰地描绘出他的形象，接下来，你需要做一番评估，看看有哪些习惯、个性、行为在阻挡你成为他。

当心你的弱点

强大的人没有妄念。他们不会认为自己样样能干、时时完美。强大的内心并不源自完美；相反，强大的人非常清楚自己的长处和弱点。

在商业世界，强大的人往往把自己不擅长的事情外包出去。

在人生中，强大的人知道自己的局限在哪里，哪些事情会触发自己的情绪。这让他们在生活中更加从容自在，也给了他们面对错误时所需的时间和空间。

如果你能够这样告诉自己："我知道，这事儿把我弄得挺焦头烂额的，所以我会定下心，慢慢来。"这可谓是最强大的举动了。

不被人喜欢也没关系

强大的人并不是最招人爱的。

他们也不会争取别人的认可，这一点最关键。

想要成为真正强大的人，你得愿意"不被别人喜欢"。这不是说你可以像恶棍一样行事，而是说，不管你做什么，别人总会评判你。强大的人明白这一点。人生中没有哪条路可以永远躲开别人的评判，所以特别重要的一点就是，你不但要能接受别人不喜欢你，还要预料到这一点，并且别管别人怎么看，只管去做吧。

带着使命感生活

强大和使命感是一体的两面。

要想成为真正强大的人，你需要坚定不移地相信你想创造的东西。为了做到这一点，你必须把心态从"过一天算一天"切换到"我想要给世界留下点东西"的模式。

使命是会变的,可能会不断升级迭代。绝大多数情况下,它是以下三件事的交叉点:你感兴趣的、你擅长的、世界所需要的。要想找到你的内在力量,必不可少的一点就是,要清晰地知道你想创造什么、达成什么。如果一个梦想和最本真的你并不相符,你不会对它有强烈的感受。

做内在的功课

这或许是最为重要却也是最容易被忽视的一项任务,因为它让人最不舒服。

做内在的功课,意味着你需要去分析为什么某件事会触发你的情绪,为什么某件事令你不快,你的人生想要告诉你什么,你如何从这些经历中成长。真正强大的人会从人生际遇中吸取养分,就像新陈代谢一样。他们把发生在自己身上的事当作学习的机会,借此发展自己。如果你想真正变得强大,这种内在的心理与情绪功课是必修的学分。

强大的人并不是最咄咄逼人的,咄咄逼人通常是一种自我防御机制。面对小小的不快和烦恼,强大的人会保持淡定,不受干扰;面对巨大的挑战和困难,他们会非常主动地去解决问题,彻底地处理。

当然,这些都是最基本的。接下来,你需要简化你的生活,少谈论你的野心,一旦取得成绩就大大方方地展示出来。你需要逐步让身体变得更加健康。你需要培养这种心态:"生命中出现的每个人、每件事都是来教我功课的。"坦然地接受脆弱，因为紧跟着脆弱出现的，基本上都是你人生中的重要命题。你还要主动地设计自己的日常行为习惯。

在这一切之上，你需要换上最强版本的自己的思维方式。如果学会通过那个"透镜"看待世界和生活，你就能创造出最强大的自己想要的人生。那个人生已经存在了，你只是需要知道如何与它连通。

认可你的情绪

无论是疗愈自己、进入政界、经营感情关系、教育孩子，还是说服一个人从天台上下来、保持内心的安宁、结交朋友、巩固情感联结、取得进步……想要把这些事情做好，我们首先要掌握一个技能。

这是个小秘密，而且不费多少力气就能做到。但它能让人们卸下心防，敞开心扉，听得进去别人的话，愿意做出改变。它有疗愈的力量，能改变人的想法，但最重要的是，它是取得进步的第一步。这就是认可情绪。

认可一个人的情绪，并不是说你一定要同意他的看法，也不意味着你得违心承认他是对的。认可情绪，并不意味着这些情绪是健康的、合理的，也不意味着它们会因此而变得更加"真实"。它意味着你在提醒这个人："你有这些感受是非常正常的,就算你不明白这是怎么回事。人人都会这样。"

有多少次我们其实只希望伴侣别再去分析问题、解决问题,而是说一句:"这肯定很难受吧?"

"没错,现在我真觉得压力好大,我应该为自己做点……"当我们这样想的时候,有多么如释重负?

看到别人的故事被搬上银幕,我们会感同身受,无论剧情多么虐心,唏嘘过后,我们仿佛也变得轻松了许多。

其实我们只需要做一件简单的事:允许自己愤愤不平、火冒三丈,甚至气到发疯。这样做过之后,心情就会好多了。

当我们允许这些情绪的存在,不可思议的事情发生了:我们用不着把它们发泄到别人身上了,因为我们不再需要得到旁人的认可才能从情绪中走出来。

我们可以愤愤不平,可以火冒三丈,可以气到发疯,随后我们就能自行处理好这些情绪,用不着伤害别人。

当人们大哭或行为冲动的时候,其实并不是在寻求帮助。他们多半只是在寻求别人的认可和肯定:有这种感受是可以的。有时候,为了能让你真切体会到他们感到的沉重和冲击,他们会不会夸大事情的真相?会的。他们会做出一切能做的事,只为让人说出一句:*听到你经历的这些,真的太难过了。* 这不是因为他们无能,不是因为他们愚蠢。这是因为,在这么一个没教过我们如何充分处理自己情绪的世界里,我们别无他法,只能经常倚仗那些蹩脚的应对机制。

当我们无法认可自己的情绪，就会没完没了地逼迫别人替我们这样做，但这从来不管用。我们从来不曾真正得到需要的东西。

这种行为的表现形式有很多：有时候，是需要他人的关注、肯定和称赞；但有时候，它会表现为行事夸张、消极负面、过分关注生活中不如意的事。当某人抱怨鸡毛蒜皮的小事时——抱怨的程度和次数似乎远远超过事情的严重程度——他们并不是在这件小事上寻求你的帮助，他们是想要让自己的情绪被人认可。

这也是自我破坏的一个常见根源。有时候，当心中存在一个深深的、哀痛的黑洞，我们就绝不允许自己放松下来，去享受生活和感情。我们无法轻飘飘地做到"开心点"，因为这样做就像一种背叛。那种劝解简直是一种冒犯。我们需要感到自己的情绪得到了认可，却不明白为何会有这种需求。

为什么认可情绪如此有用？

想象一下，情绪就像是水，在你体内的管子里流动。你的想法决定了管子是否干净，而管子的干净程度又决定了水质。

突然之间，你感受到一阵情绪，你没料到它会出现，并且你不喜欢它。这么说吧，就好像突然涌来一股水流，你想把阀门关上，不让它流过去，这是很常见的反应。可是，截停水流并不会让它消失，反而会制造出强大的压力，还会对接收不到水流的那部分身体造成严重的破坏。渐渐地，这会波及你的整个生活。

有些时候，水流慢慢地自行渗透、消失了。还有些时候，它造成了内部的爆裂，以情绪彻底崩溃的形式表现出来。随着所有的水渐渐流尽，我们哀悼、哭泣，犹如碎裂般痛苦。在这个过程中，我们犹如经历了一次被动的"重启"。这就是良性解体：我们就像从里到外被掏空了似的，但与此同时，结束后我们会感到好过多了。

在那样的"内爆"中发生了什么呢？当你允许自己去感受那些情绪时，它们被认可了——因为你没有别的选择。在心理治疗中，我们做的就是同样的事。充分发泄情绪时，我们也在这么做。当我们借助艺术作品来宣泄情感时，道理也是一样，比如看一部悲情的电影，我们其实有点喜欢那种悲伤的感受，因为那个光影构成的世界允许我们去感受悲伤，但真实的世界就未必如此了。

但是，与情绪"内爆"相比，还有一个更健康、更容易做到的方法，那就是学着实时处理自己的情绪。

"认可情绪"听起来是个特别宏大的词儿，但它其实只意味着一件事：允许自己有情绪。

在创伤疗愈中，一个很重要的做法就是允许自己去全然地经历一种情绪的完整表达过程。你多半已经有过类似的体验。比方说，有一位你很喜欢但不是特别亲近的亲戚过世了，得知噩耗，毫无疑问你会很悲伤，但接下来的事肯定不会是这样：你去参加葬礼，哭了一小时，然后就像什么都没发生过一样，继续生活。

相反，你会体验到一波悲伤涌来，然后，或许是第二天，它再度来袭，接着是一周后。悲悼的波浪来了又去，有时浓重，有时轻浅。不抗拒它的时候，你会哭泣并感到哀伤，也许你会去小睡一下、泡个热水澡，或是请一天假。

渐渐地，你也并没刻意地做什么，但情绪过去了，你感觉好多了。

一旦我们接受并认可了情绪，它往往就自行消散了。如果我们没有什么能做的——如果我们真正需要做的就是接受它——那么我们只需要允许自己"在场"，去体验它。

之所以没能经常自然而然地这么做，是因为我们显然不能每次一心烦意乱，就趴在桌子上哭一会儿。关掉水管完全是可以的，只要我们能够在事后回到家，再把水管打开。能主动选择处理情绪的时间和地点，这非常好。事实上，当我们学会在一个更稳定、更安全的地方处理情绪，效果确实会更好。

这有点像每天花一点时间做手账，给自己留点时间，就是单纯地体验自己的感受，不加评判，也不要试图去改变它。做法可以非常简单，比如允许自己在睡前哭泣。我们经常以为这是软弱的标志，但实际上，能自由顺畅地哭泣恰恰说明一个人的心理和情绪都强大有力。如果我们无法为生活中的碎裂而哭，这才是大问题。

认可别人的情绪则是对深切同理心的练习。你可以这样展开对话:"有这种感受是没问题的。"因为,当我们指出对方的感受是多么错误,多么不应该,他们就会关上心门。他们之所以关上心门,是因为感到了羞耻。他们已经知道,有那种感受是不对的。如果你在谈话刚开始时就加固了对方的防御,或是让他们感到恐慌、愈发克制自己的情绪,你会让情形变得更糟。

如果你这样开启谈话,就会减轻对方的负担:提醒对方,任何一个处在他们位置的人,都会有相似的感受;心里有强烈的、难以负荷的情绪,并不等于人生就从此彻底毁掉了;当生活中出现摧毁性的重大事件时,感到自己被摧毁了,这样的感受完全是可以的。这样做之所以会很见效,是因为当我们不再拒绝感受悲伤,而是允许自己悲伤时,我们就会发现,它不会永远持续下去。有时我们会看到,最大的问题其实不是我们被摧毁了,而是当我们拒绝接受眼前的事实的时候,我们实际上创造出了更多的痛苦——需要痛痛快快地大哭一场的时候,就大哭一场吧,此时我们感受到的痛苦反而会少一些。

认可别人的情绪能教会我们认可自己的情绪。当我们学会认可自己的情绪,就会变得更加强大。我们不再把情绪视作威胁,而是把它当成提供信息的"线人"。它们前来告诉我们,我们重视什么,想要尽情感受什么,想要保护什么。它们提醒我们,人生转瞬即逝,充满挑战,也精彩至极。当我们愿意接纳黑暗的时候——也只有在这个时候——我们才会找到光明。

建立你的原则

如果你感到迷失，不知道人生接下来该往哪儿走，或者更糟的是，你害怕已经建立起来的一切将会崩塌，在这种时候，你需要的不是更多激励，不是更多的积极思考。

当你遇到与金钱有关的问题，你需要的是金钱方面的原则。

当你遇到与亲密关系有关的问题，你需要的是亲密关系方面的原则。

当你遇到与工作有关的问题，你需要工作方面的原则。

当你遇到与人生有关的问题，你需要人生方面的原则。

更多的金钱不能解决金钱问题；更换恋爱对象不能解决亲密关系的问题；新工作不能解决工作上的问题；未来的人生不能解决人生问题。

这是因为金钱本身无法让你与金钱建立良好关系，恋爱无法让你学会自爱，亲密关系本身无法让你游刃有余地经营亲密关系，工作本身无法让你出色完成工作，或是实现工作与生活的平衡。

困难不会自动自发地把你变成更强大的人，除非你能改变，能适应。其中的关键因素就是你——就看你能不能改变自己看待世界的基本视角和行为方式。

有一点咱们得先说清楚：挣五十万美元的人很可能就像挣五万美元的人一样，债务缠身，挣扎度日。实际上，这种情况可比你想象得更常见。挣钱少的人不得不学着更好地理财，而挣钱多的人会认为，因为自己有钱，所以就可以避开原则。

你有可能迅速搞砸梦寐以求的恋情，速度快得就像当初相遇时那电光石火的一瞬。这是因为，你与他人建立联结的能力纯粹是你自己的问题，跟对方是不是"完美伴侣"没关系——即便人家从不曾惹你生气，总是用无条件的、积极正面的眼光看待你，你也还是有可能搞砸这段感情。

即便你拥有理想的工作，有最完美的工作时段，拿着最满意的薪水，你也可能照样不快乐——如果你不知道该怎样合理地分配时间，如何与同事们沟通，或是如何推动自己的事业向前发展。那些"梦想成真""追随激情"的人很可能与没能做到这些的人一样不快乐。

如果没有原则，你的人生不会越过越好。问题只会跟着你走，而且变得越来越严重。

如果你现在没有自己的原则，以后也不会自动获得。如果你没有"量入为出"的金钱原则，等你有了更多钱之后也不会这样做。如果你没有"不依赖他人来确立自我感"的感情原则，当你遇见理想的另一半之后，这个问题也不会神奇地自动解决，你只会再次破坏掉这段关系。

原则是什么？

原则是一种基础性的真理，是你搭建人生的基石。原则不是观点，也不是信念。原则是一种因果关系。

原则可以用作个人的行为准则。

例如，一些与金钱相关的原则有：尽量控制间接成本；还清债务并永不欠债；量入为出；积极储蓄，未雨绸缪。

有许多理财专家都建议，想拥有健康的财务状况，就要把还清债务列在首位。这是因为，一天要还的利息可能不起眼，但二十年加起来就非常可观了，可能上万美元都不止。

同理，投资带来的每日收益不算多，但二十年之后就是一笔可观的利润。

拥有原则的意义在于，它们能把你从"追求短期收益"的求生模式提升至"注重长期所得"的蓬勃生长模式。

人生中绝大多数事情都受原则掌管。史蒂芬·柯维[①]（Stephen Covey）对此阐释得非常清楚：原则就像重力一样，是一种自然法则。它与价值观不同。价值观是主观的，而原则是客观的[17]。"我们掌控自己的行为，但这些行为产生的后果受原则掌控。"他这样说。

这意味着，如果我们坚持每天都吃优质食物的原则，身体

[①] 史蒂芬·柯维博士（1932—2012），著名的管理思想家，被《时代周刊》评为"影响美国历史进程的25位人物之一"，著有《高效能人士的七个习惯》等系列作品。

必定会变得更加健康。如果每天写一个句子并持续经年,我们必定能写出长篇作品。如果每个月都还掉一部分债务,那么有朝一日必定会收支平衡。如果我们能做到持续地、明智地投资,就必定会看到回报。

我们的生活是受原则掌管的,本杰明·哈迪①(Benjamin Hardy)这样解释道:"绝大多数大学生都干过考前突击这种事儿。但是,如果你是农夫,你能临时突击吗?你能在春天忘了播种、夏天吊儿郎当,然后到了秋天再拼命耕作吗?当然不行。一块农场就是受原则掌管自然系统。"[18]

你也一样。

"耕种的法则是普适的。你种下什么,就收获什么。更进一步说,你持续不断地播下的种子,最终会带来复合的或是指数级的收获。但你往往不能立即见到成效,这一点确实挺有迷惑性。如果你只抽一根烟,多半不会得癌症。如果你某一天花了10美元买咖啡,多半不会对钱包有太大影响。然而,假以时日,这些习惯会产生惊人的后果。算一算就知道,每天10美元,持续50年,再加上5%的复利,最后等于816000美元。"[19]

当你做了一笔投资,你不会期待当天就能拿到收益。同样,当你坚持按原则行事,你就可以带着成就感上床睡觉,因为你知道你正在一点点雕凿出自己的未来。

---

① 本杰明·哈迪博士,组织心理学家,畅销书作者。

小小的事情，如果重复去做，假以时日，就会变成大大的成果。

为什么此时激励不管用了？

激励这个词是有误导作用的。如果一个梦想很宏大，却没有战略计划作后盾，那么重大的失败也就等在不远处了。

激励意味着你抓住了一种感觉，然后围绕它展开细致的构想；你允许想法自由地漫游；你将各种美好的画面拼在一起，创造出心目中理想生活的模样。

而原则是枯燥的。它们不会让人兴奋激动、灵感爆棚。它们是自然的法则。

原则无法带来即时满足。

它们无法让我们的心情马上变好。

这就是为什么我们经常寻求激励的帮助，却发现它不起作用。这是因为我们发动头脑和心灵，产生了一个模糊的想法，好像知道了自己想要什么，却从来没有认真评估过自己是否愿意投入到日复一日的实干中去——要实现梦想，这些努力是不可或缺的。

如果我们不能把激励与实现梦想所必需的原则结合起来，就会比以往任何时候都更加迷茫和失望。

我该如何着手建立自己的原则？

没人生下来就自带一套绝佳的原则，原则是你逐渐习得的。

不过，人生中的原则多种多样，其中有些还是相悖的。因此，建立一套专属于自己的原则就显得格外重要，它们应该符合你的目标、你的生活。

请从这里开始：

- 你最重视什么？哪些东西是你发自内心看重和关心的？
- 在人生中，你希望体验到什么样的感受？
- 哪些东西/事情会令你感到不安或焦虑？

回答有可能是这样的：

我重视感情关系，所以原则上我会把它摆在第一位。而且，我重视坦诚的、积极正向的感情关系，所以，原则上我以后不会再和优柔寡断的人约会，除非对方在合理的时间内做出承诺，否则我就把他们的犹豫视作"不"。

或许你重视财务自由，所以原则上你将把手中的余钱用来还债、储蓄或投资。或许你重视的是旅行和自由，所以原则上你要开始为自己打工，并且始终把"能够远程工作"或"自行安排工作时间"放在第一位。

一旦清楚了自己的原则，你就可以在真诚的、健康的基础上一步步构建自己的生活。你知道自己想要什么样的生命体验，也知道自己不想要什么。基于这些，你会制定出和谐一致的目标，并且为之努力。而这会让你成为最从容、最快乐的自己。

美好的人生是由内而外建立起来的，它构建在自我引领与合理制定优先顺序的基石之上。这不像愿景板那般梦幻迷人，却能实实在在地带来成效。

找到真正的使命

在当今这个世界，不断有人告诉你，要遵从自己的内心，相信自己的直觉，辞掉工作，去做你热爱的事吧。当你不知道该从哪儿开始的时候，那感觉是相当沮丧的。如果你不知道这辈子应当做什么，你的真正意思其实是，你还不知道自己是谁。

找到使命，并不是说有一天你忽然发现，自己的天命就是出家参禅，或是要把一辈子奉献给某项事业或某个目标。使命不是某项工作，不是某段感情，甚至也不是某个行业领域。你的使命——最首要也是最重要的——就是"存在"。你的存在，已经以一种你看不见的方式改变了世界。如果没有你，这一切绝对不会刚好就是现在的模样。理解这一点非常重要，这是因为，如果你认为你活着的全部意义只是从事某份工作，或是充任某个家庭角色，那么，当你辞职或退休，或是当孩子们长大离家，你无需再承担父母的职责之后，你又该何去何从呢？

你会消沉下去，因为你错误地以为那就是你活着的唯一理由。

你今天的使命或许就是给某个极度沮丧的人一个鼓励的微

笑。你这十年的使命或许就是做好手上这份工作。当你发觉，其实你一直在影响着身边的世界，你开始意识到：想要活得有意义，你能做的最重要的一件事就是持续不断地提升自我，有意识地成为最快乐、最善良、最亲切的那个你。

知晓了自己的使命，也并不一定意味着人生从此就一帆风顺，或是每时每刻都清楚自己该做什么。事实上，当你真正踏上属于自己的道路时，未来不会一清二楚，这是因为，如果它很清楚的话，那你肯定是在沿着别人的路线图前进。

话虽如此，绝大多数人在思考人生使命的时候，往往指的就是此生的事业和工作。你的职业不是无足轻重的东西，它是你用掉一天里绝大多数时间的方式，而且在你一生中最好的时光里天天如此。正是因为这个，我们才要想清楚，如何通过工作来最好地服务这个世界，这样一来，那些漫长的日子和艰难的时刻也变得可以容忍了。

你的人生使命就是你的能力、兴趣和市场需求这三者的交集。

你就是自己未来的蓝图。你经历过的每一件事，你擅长的每一件事，你身处过的每一种情境，你热爱的每一件事，这些都不是随机的，它们都是"你是谁"的反映，也是"你此生为何而来"的征兆。

不过，能做到这种程度的自我觉察，并没有听上去那么容易。现在你可能在想，你也不确定自己擅长做什么，或者你特别热爱的事情不止一件。这都没关系，因为使命并不会要求你成为"天下第一"。

并不是说这件事你能做得比任何人都好，而且世上只有你一个人能做。这些事情自然而然地感召着你，它们毫无阻滞地从你内心涌出，唤起你特殊的情感。此生你来到这里，就是为了创造它们，就是为了改变它们。你的终极使命是成为最理想的自己，其他的一切都将从这个源头中涌流而出。

找到你此生想做的事

如果你想知道自己真正的使命是什么，用下面这组问题问问自己：

有什么事和什么人，值得我为之受苦？

即便你藉以谋生的刚好就是你深深热爱的事，这也不意味着每一天你都会过得轻松自在。每一件事都会伴随着专属的困难和挑战，因此，这个问题的意思其实是：你愿意为了什么而付出努力？你愿意为了什么去容忍不舒服的感觉？

闭上眼睛，想象那个"最佳版本"的你。他是什么样子？

最佳版本的你——那个最有爱心、最善良、最高产、最有自我觉察能力的你——就是真正的你。其余的一切"版本"都是应对机制的产物，而这些应对机制是你逐渐自行建立起来的，或是从别人那儿学来的。

如果社交媒体不存在了，你会怎样生活？

如果今后你不能把自己的生活状态发布到网络上，没法炫耀，没法给别人留下深刻印象，甚至都没法与别人分享了，你的企图心会发生怎样的变化？这个问题能帮你看清以下两种事的区别：一种是你自己真心想做的事，另一种是你做给别人看的事。

对你而言，什么事做起来最自然？

那些你天生就最擅长做的事，就是你应该最先考虑的方向，因为在那个领域，你最有可能毫不费力地蓬勃盛放。

你理想中的一天是什么样子？

忘了电梯演讲。忘了花里胡哨的职位抬头，或是如何在领英（LinkedIn）上给人留下深刻印象。想想你每一天真心想要做些什么。有很多人接受目前的工作，是因为他们以为这份工作会让他们幸福，但做了之后才发现，他们只是喜欢那个"概念"，而不是真实的日常。

你希望给世界留下什么？

先别操心简历上的优点和美德该怎么写，认真想想悼词上的内容。你希望在别人追忆你的时候，想起的是怎样一个人？你希望别人怀念你的哪些特质？

认真思考自己此生具备的美德和才华，这确实很有意义，不过，在寻找使命这个问题上，有一点甚至更加重要：使命往往是在痛苦中找到的。在那些找到了人生使命的人中，绝大多数不是因为他们轻而易举地发现了自己的才华是什么，该如何最大限度地把它发挥出来，而是因为在人生的某个阶段，他们发觉自己迷失了方向，心神俱疲，而且后背已经抵上了高墙，无路可退。

在经历艰难和挑战的时候，我们渐渐意识到哪些东西对我们最重要。它点燃了一团小小的火苗，当我们用行动和承诺不断地为之添柴加薪的时候，火苗变成了足以淬炼和转化的熊熊烈火。

听听世界上某些顶级成功人士的故事，我们就会发现，在起步时他们往往遭遇了难以想象的艰难。在最不可思议的情境面前，这些人被迫采取行动。舒适和自满不是他们的选项。他们意识到，必须成为自己人生的英雄，成为自己未来的创造者。

在人生的终点，能够给你此生的使命下定义的，不是你曾经怎样挣扎过、遇到过什么样的境况，或者你本该做些什么，而是在苦难面前你如何做出回应，在你生命中出现的那些人眼中你是谁，以及你每天所做的事——这些事以它们独特的方式，缓慢地改变了人性的进程。

第 7 章

从自我破坏到自我掌控

从自我破坏到自我掌控，这听上去像是一场不可思议的转变，但在现实中这是一个非常自然的过程——你逐渐认识到，既然拖住你的人生、让它陷入阻滞的那个责任人就是你，那么你也必定可以把它向前推动。

控制情绪 VS 压制情绪

佛教徒相信，控制心念是通往开悟的道路[20]。他们所指的开悟，意思是自发的、真正的快乐。

理论上这很简单，但操作起来很复杂：我们需要不断地探索，加深对心智的了解，同时也要训练它按照某种特定的方式运作。借由这些，我们在某种程度上净化了自己，以便体验我们最本然的天性——按照佛教徒的信念，这本然的天性就是喜悦。

如果你参加过冥想静坐课程，你就会知道，控制心念的第一条原则刚好跟你预想的相反：你要放开手，任它信马由缰。

为了真正地驾驭心念，佛教徒要练习"不执着"：他们平静地打坐、稳定地呼吸，允许念头升起、成形，然后消散。

他们的方法是，控制心念实际上就是向心念臣服，允许它以它喜欢的方式行事，与此同时，约束自己对它的反应。

如何分辨你是在压制情绪，还是在控制情绪？

压制情绪，是人们在对情绪缺乏足够应对机制的情况下所采取的约束策略。

它的模式往往是这样：一个人否认或忽视自己对某种情境或体验的真实反应，他相信，如果继续不搭理它们，它们就会自动离开；但他发现，某种不安的感觉开始侵扰自己的日常生活，有一天，一切终于积累到了爆发的关头，于是他体验到了无法控制的情绪崩溃。

一般来说，心理治疗的目标就是帮助患者不再压抑自己的情绪和感受。相反，患者受到鼓励，去认识这些情绪，但也要主动选择自己的回应方式。

在疗愈进程中，压制和控制之间，好像只有一线之差。

你在开车的时候，有辆车插进来加了塞，你没有把脑袋探出车窗外大吼，这是在压制情绪，还是在控制情绪？如果你的伴侣又说了句蠢话，而你没有回应，这是在压制还是在控制？如果你的同事总是在某个项目上惹恼你，而你什么都没说，这是在压制情绪还是在控制情绪？

压制是无意识的，控制是有意识的

一方面，压制情绪有点像无意识的认知偏误。比如确证偏误，你的大脑对一堆信息进行了过滤，引导你去关注那些能够支持你原有信念的事实或体验。尽管你并没意识到这些偏误的存在，但它们依然在影响你。

控制情绪则需要意识到自己的感受。你知道自己正在生气、伤心、受委屈，但你有意识地选择了自己该怎么做。其实，你控制的不是自己的情绪，而是行为。

当你压制情绪时，你不知道自己的感受，你的行为是不受控制的。

当你控制情绪时，你知道自己的感受，而且你的行为是在自己掌控之中的。

当你被堵在车流中，或是跟人争吵，对付难缠的同事，你应当意识到自己的感受和情绪，但依然能够控制自己的回应方式。情绪是暂时的，而行为是永久的。主动选择自己的回应方式，这始终是你的责任。

我们经常认为，体能的衡量标准是我们能背负多大的重量、能跑多长时间，或是肌肉线条有多么明显。但在现实中，体能指的是身体维持自身运转的效能、应对日常任务的能力，以及偶尔遇上挑战时的应对能力。

心理健康也是一样。它的衡量标准不是我们看上去有多快乐,生活有多么完美,或是我们能把"无条件的积极正面"贯彻到什么程度,而是我们能否以足够的灵活性和理性来面对日常生活和偶尔到来的挑战,不压抑自己,也别挡自己的路。

埃米·莫林①(Amy Morin)在她的畅销著作中揭示了心理强大的人不会做的事。了解这些人的行为和习惯固然很关键,但是,如果你还没修炼到那个程度呢?如果你想成为一个心理强大的人,可以从这里开始。

学着再次相信自己

内在的宁静是这样一种状态:与深深的内在相联结,知道一切都安好,而且始终都会好。数个世纪以来,寻找"内在宁静"始终是形而上学与灵性修为的一部分,近些年随着大众心理学的发展,它变得更为主流了。

阿尔贝·加缪②(Albert Camus)曾经说过:"在隆冬时分,我发现,在我身上有一个不可战胜的夏天。"

这句话归纳出了内在宁静的全部真意:你清楚地知道,无论周围正在发生什么,在你身上的某个地方,有着透彻的领

---

① 埃米·莫林是美国知名的心理治疗师、畅销书作家,著有《内心强大比什么都重要》《内心强大的父母不会做的13件事》等系列作品。
② 阿尔贝·加缪(1913—1960),法国作家、哲学家,主要作品有《局外人》《鼠疫》等。

悟，还有镇定与从容。当你有需要的时候，就可以回到那个地方，不仅如此，你还有可能以那里为源头，活出整个人生。挑战在于，你需要先学会与它建立联结，然后重新设置你对思维的回应，因为你的思维总是在不停地从一个最糟的情景跳转到另一个。

你知道有种说法叫作"在内心深处知道"吧？人们会这样说："我很担心，但是在内心深处，我知道一切都会没事的。"或者是："我真生他的气，但是在内心深处，我知道他是爱我的。"你认为他们指的是什么？这个"深处"是在何处？他们的意思是，在他们身上的某个地方存在无限的智慧、更透彻的理解、对正在发生的事有着更深刻的洞察。那里不会受到压力与恐惧的侵扰，而这些东西正是思维想要提供的。

因此，寻找内在的宁静，在很大程度上指的就是进入那个"深处"，在那里，你知道也感觉得到，一切最终都会安好。

在冥想中还会用到另一个隐喻：寻找平静就好比去稳定一片湖水。你的想法和行为就像扔进湖里的石头，激起一圈圈的涟漪。冥想的意义就是让你自己充分安静下来，让湖水复归天然的平静。你用不着去强迫水面恢复平静，当你停止扰动，它就自动恢复了。

寻找内在宁静也是一样。它并不是你创造出来的东西，而是你需要回归的状态。

真正的幸福

寻找内在的宁静，最重要的一点就是放下欲望，换来"幸福"。

不幸的是，幸福是变幻不定的。它可能会让你执着于某种成就、某些身外之物，或是特定的情境。它可能会让你依赖他人的意见，或是希望生活能按照某种特定的方式铺展开来。如果把目标设定为幸福，你会发现，在它背后好似总有一种"不幸福"的感觉挥之不去——这就是平衡和二元性在起作用。但是，如果目标是内在的宁静呢？这是一种平和中正的状态。如果你把它设为目标，就不存在二元对立的问题了。

然而对绝大多数人来说，这很难做到。人们往往会继续给自己制造压力、问题、剧情，因为他们的小我依然执拗地认为，他们需要身外之物来让自己感觉良好。没有找到内在宁静的人会有这样的典型特征：他们总是在向外寻找（而且往往是狂乱地）满足感、归属感和价值感。

所以，说实话，并不是说幸福不是个好东西，不值得追求，也不是说不允许你感受幸福。事实是，内在的宁静才是真正的幸福，其他的一切不过是弄虚作假的手段，试图让你相信"一切都很好"。

试想：你认为什么东西最能给你带来幸福感？金钱？感情？升职？当你得到它们之后会发生什么？自古以来，无论哪一个人类族群，答案都始终如一：你会回归到你的基线。这是因为，那种幸福不是真实的。唯有当你找到彻底的宁静——无论你身处何时何地,都感到安宁与平和——你才会寻获真正的奇迹、临在和喜悦。

是什么让我们远离了内在的宁静?

我们讨论了这么多"回到"内在宁静的话题,现在问题来了:为什么当初我们会失去与它的联结呢?这个问题之所以重要,是因为想明白了为何失去,就有了重新寻获的基础。

在长大的过程中,我们渐渐适应了环境。我们接受周围人的信念和想法。我们改变自己的个性,这样就可以变得更安全些。我们相信世界不会伤害我们。孩童时期,我们比任何时候都更加脆弱,也正是在这个时期,我们吸收的那些东西很容易就变成了日后跟随我们一生的应对机制。

如果小时候我们没能得到指导,不知道要与内在的宁静保持联结,那么我们就会本能地开始相信头脑中的声音。就是在此时,我们迷失了,因为那些念头在很大程度上来自于佛教徒口中的"心猿";用神经科医生的话说,就是各种受体在匆匆忙忙地接收和发射信号,在事情与事情之间建立关联——这些事情可能与现实相关,也可能与现实毫无关联。

当我们开始信任自己的想法,就会听任它们去引发情绪。这形成了一个循环,并最终变成一个陷阱,把绝大多数人——也就是没有意识到发生了什么的人——困在里面。他们产生了一个奇怪的或可怕的想法,接着就涌起一阵强烈的情绪,这两者结合起来,就会让人觉得这情境非常真实,可实际上这不过是神经过程造成的误解。

当然,这并不意味着我们的想法毫无用处。应该说,它们并不是每次都能准确无误地反映现实,我们更应该把它们视作建议,而不是别的。

为什么内在的宁静很难找到?

答案是,并不难找。绝大多数人只是从没得到过指导,不知道该怎么做而已。但除了这个原因,绝大多数人实际上是太害怕了,不敢进入自己的情绪状态里,因为他们的"内在小孩"受伤太重。

每个人都有"内在小孩",那就是最纯真、最纯净的那个你,而且他从不离开[21]。慢慢地学着关爱和照顾这个"内在小孩"是你的职责所在。正是这个"内在小孩"把你推离了内在的宁静。他大发脾气,告诉你每件事情都在分崩离析,你就要完了,干脆放弃吧。

正如你不会让一个小孩子来掌管人生一样,你也不能每次都相信"内在小孩"惧怕的东西。然而,你可以学着与他合作,疗愈他,让他感到安全……就像好父母会做的那样。

心理学家斯蒂芬·戴蒙德(Stephen Diamond)这样解释道:"首先,内在小孩是真实的。但这个真实不是字面意义上的，也不是身体意义上的。这是一种象征性的、隐喻意义上的真实。它像复合体一样，是一种心理学或现象学意义上的实体，而且具有非凡的力量。"他认为，精神失常和破坏性的行为模式往往或多或少与人的无意识相关，而且往往是在人生早期形成的。

寻获内在的宁静

寻找内在的宁静可不止是盘腿打坐，直到智慧成为你的一部分；它其实是做出让你感到不舒服的决定——与自己的不适感待在一起，并做出与以往不同的选择。

正如临床心理学家盖尔·布伦纳（Gail Brenner）解释的那样："是抗拒让内在战争永无休止。也就是说，不愿去感受内心的感受，不愿让别人做出他们正在做的行为，不愿让事情按照当下的样子发生。抗拒想要重写我们的个人历史，并确保我们制订的计划一一实现。"她认为，宁静只有一种，那就是内在的宁静，因为其余的一切都不在我们掌控之中。[22]

关于寻找内在的宁静，另一个效果惊人的方法就是不断提醒自己，你的忧虑都是头脑捏造出来的，为了让你生存下去，它不停地寻找潜在的威胁；而真正的幸福就是活在当下，活在此时此地。如果你很难相信这个观点，请按照下面的要求列个清单：

- 所有曾让你无比担忧的事情。想追溯到多久以前都可以，想写多详细就写多详细。
- 每一个你曾以为绝对走不出来的困境。
- 每一个让你由衷地感到幸福和宁静的时刻。

我敢保证，第一张清单会让你展颜微笑，因为它让你意识到，那些你经常担忧的事情，绝大多数都毫无根据。

第二张清单也会让你感到宽慰和释怀，当年你以为无论如何都无法跨越的那些障碍，如今回顾时你会发现，你几乎都想不起来了。

最后，你对最后一个问题的回答会提醒你，幸福从来都不来自于身外，而是源自活在当下、身心开放，让自己和此时此地建立了联结。

摆 脱 担 忧

人很容易沉迷于能让我们避开当下的事物或行为。同样，人们会利用应对机制让自己分心，不去想那些真正重要的事情。担忧可谓是这些应对机制中的"头牌"。

长久以来，你让自己相信，担忧就等于安全。你认为，在头脑中一遍遍地对最糟糕的情形做预演，就可以更好地应对那些情况。这完全是错的。那些情形往往都是人为捏造出来的，想象它们不但会耗光你的精力，而且在你对这些恐惧或念头已经极度敏感的时候，出于规避之心或反应过度，实际上你真的会把这些情形创造出来。

你需要记住，在所有你需要知道的关于"心猿"的一切中，有一条格外重要：你的头脑会不断地寻找那些能证明它正确的情境和体验。如果你相信某件事会好好的，它就会好好的。具体情况未必跟你想象中一模一样，但结果恰好就跟你期待的一样。

寻找内在的宁静其实就是跟你最深层的智慧相连。它不是某种你必须创造、证明、想象或伸手去够的东西。它始终在你体内，它始终是你的选择，你只需要去做这个选择就好。

情绪反映的未必都是事实

寻找宁静的过程中最困难的部分，就是分辨哪些情绪是直觉性的、能为你提供信息的，哪些情绪又是根植于恐惧和小我中的。

当今世界不停地告诉你，你的直觉知晓一切，你的情绪是真实的，如果向内走得足够深，你就会发现一口智慧之井，它能给你指引……这些话很容易让人相信，我们的每一个情绪、每一个想法不仅是真实的，在某种程度上还能预示出未来会发生什么。

你的情绪不是预言，不是算命神器，它们只是把你当前的思维状况反映给你。这就像是做了个噩梦：梦中的怪兽不是真的，但它有可能是一种隐喻，映射出你在醒着的时候心中的担忧。

有那么多人找不到内在的宁静，是因为有一个事实在阻碍他们：他们不知道谁说的是对的——是恐惧感，还是心中那种宁静的感受。

请记住这一点：宁静的感受说的是真话。

情绪不是来告诉你即将发生什么。它们只是来通知你，现在你把能量和心思用在了什么地方，以及你应该如何回应身边发生的事。而恐惧总想吓唬你，好让你保持低调和安全。它是一种有限的、必将消散的东西。宁静的感受则想提醒你，每件事情都会安好，因为向来如此……而且将来也会是这样，无论发生什么。

成为心理强大的人

无论你是谁，有着怎样的人生使命，强大的心理都是至为关键的因素，它能确保你将全部的潜力发挥出来。

心理强大不是某种一成不变的特质。它不是生来就有（或没有）的东西。讽刺的是，如果你在生活中不曾面对过许多困难和挑战，拥有它还真不太容易。事实上，往往正是那些经历过最艰难状况的人，在被逼无奈之下，才发展出了最强悍、最结实的心灵力量。

成为心理强大的人是一个过程,而且需要练习。

你可以从这里开始。

制订一个计划,因为计划能解决问题

心理强大的人都擅长制订计划。

他们想在前头,他们预先准备,他们做对长远结果最有益的事。

你可能会想,这不是与当下分隔开了吗?但事实刚好相反,担忧才会把你与当下分隔开,想得太多会把你与当下分隔开。如果你经常被焦虑弄得束手无策,那是因为你缺乏计划,不知道如何面对那个令你恐惧的事物。

试想一件你不害怕的事。你知道你为什么不怕它吗?那是因为你对它有计划,万一它真的发生,你知道该怎么做,所以你可以放开手,安心待在当下。

无论你的愿望是拥有健康的财务状况、让感情变得更亲密、参加心理治疗,还是找个新工作、追寻新的职业发展或梦想,如果没有计划,你就会遇到问题。

谦卑一点儿,因为你不是世界的中心

你以为人人都在想着你、评判你、打量你、琢磨你过得好不好,但人家并没有。

社交媒体让我们以为,我们自己就是朋友圈里的大明星:

我们深信，身边的每一个人都以极大的热情关注着我们生活中每一件鸡毛蒜皮的事情。

几十年后，你就不在了。你的房子会被卖给新的家庭，你的职位会被别人顶替，你的孩子们会长大成人，你的工作会彻底结束。这些事实不应该让你感到抑郁啊，它们应该让你获得解放。

你以为别人都在密切地关注着你，但其实没人会这样。他们多半都在想着自己。当你因为穿着运动裤去逛超市而忸怩不安，你要知道，其实没人看你，没人在意这个；当你因为自己取得了成就（或是没有取得）而焦虑时，你要知道，绝大多数情况下没人在看你，没人在意这个。生活中几乎所有的事情都是这样。

没人会用你评价自己的方式来评价你。他们基本上只会看表面。别再以为自己就像太阳，人人都围着你转。这世界不是为你而存在的，你的生活甚至都不是为你而存在的。你越是能放下聚光灯情结，就越容易松弛下来。

懂得求助，因为你不必什么都懂

我们生活在一个专业化的社会。

人们去学校上学，受到训练，获得一技之长。然后他们进入市场，将自己的技能和专长标价出售，换取金钱，再购买其他人的技能和专长。

你不必什么都懂。

你不必成为理财专家,因为你可以聘请一个理财专家来替你报税,或给你提供投资建议;你不必成为大厨,因为你可以买一本食谱书,或是向妈妈求助;你不必成为世界级的健身教练,因为你可以找一位好教练,跟着练起来;你不必了解复杂的心理学和神经科学,因为你可以请一位心理咨询师,然后学着渐渐疗愈自己。

你不必什么都懂,你不必样样精通。因为你可以雇佣别人,或是跟着别人学习。把冗杂的事务砍掉,专注于自己擅长的事情,把其他的一切都外包出去。

知道自己有哪些东西不知道,然后停止错误的假两难推理

人们之所以一直处于焦虑状态,一个主要原因就是长期以"如果……就会……"的方式思考,也就是采用"假两难推理"的思维方式。

这是一种认知偏误,你避开了一大堆可能性,只选中了一两个极端的结果,而这几个结果既不可能发生,也不符合逻辑。比如:

如果我丢了这份工作,我就完蛋了。错。

如果这段感情结束了,我就再也不可能找到真爱了。错。

如果这件可怕的事情发生了,我就过不下去了。错。

焦虑是逻辑中断造成的,也就是说,你的推理有断层。面对一件事,你一下子跳到了一个不大可能站得住脚的结论,由于它令你感受到强烈的情绪,你就认为这个结论是真的。最后,你开始以非此即彼的二元思维想问题,而这种思维方式非但不起作用,还会把你吓得够呛,以至于你都没有能力切实地处理生活中的问题了。

放弃灵媒式思维,因为那是认知扭曲

人类最基本的恐惧就是害怕未知,所以我们总是费尽心思想去预测人生中的种种结果。这个行为是可以理解的。

然而,灵媒式的思维方式——认为情绪即预言、你"就是知道"未来会发生什么、你的命运早已注定——让你的心智变得孱弱。当你需要握住方向盘的时候,它却把你放到了乘客的位置上。

用"灵媒式思维"想问题的时候,你在使用外推法。你基于单次的情绪或体验,对人生做出了长期的预测。这不但是错误的,而且往往会成为自我实现的预言。

别再试着去预言你不知道的东西了,把能量和精力投入到你能做的事情上吧,去创造你能创造的东西。你和你的人生都会从此变得更好。

为结果负全责——对,全责

从人生的大图景来看,真正重要的结果基本上百分百都是你能掌控的。你可以假装自己只是个小齿轮,这样感觉上会轻松不少,没那么可怕,可你并不是。

如果你实打实地投入精力,去学习如何变得高产,好好照顾自己的健康与福祉,不断提升感情关系的质量,培养自我觉察的能力,你就会拥有截然不同的人生体验。上述每一件事情都在你的能力范围之内,你完全可以改变它们,最起码也是大幅度地影响它们。

人生中有些事情确实不由你掌控。如果你把关注的重点放在它们身上,就会错过真正重要的:你的绝大部分人生,就是你的行动、行为和选择的直接结果。

学着处理复杂情绪,让感觉变好

人本来就不可能时时刻刻都感到幸福快乐。尽力做到每时每刻都快乐,这不是解决方案,而是问题所在。

心理强大并不是"每时每刻都保持积极正面"的能力,相反,它需要你培养处理复杂情绪的能力,比如应对哀恸、愤怒、悲伤、焦虑和恐惧。

如果你不知道如何允许这些情绪流经你的身体,如何解读它们背后的意义,如何从中学习,或者只是简单地允许它们存在,你就会卡在这些情绪中。你把它们深埋下去,然后,你身边的每一件事都会变成触发器,都有冲破水闸的危险。

你或许以为,这意味着坚定沉着,不表露感情,但其实不是。这意味着遇上伤心事时可以大声哭泣,遭遇不公时可以愤怒,遇到问题时下定决心找到解决方案。这些主动的回应,而不是被动的反应,正是心理强大的意义所在。

忘掉发生了什么,专注于改正结果

认真思考哪里出了差错,从差错中学习,想出解决办法:要么弥补过错,要么在将来不要重复犯错。

然后放下。

暂时不放下过去的唯一原因,就是你还没有充分地吸取经验教训。一旦完成这个过程,你就可以把得到的经验用于当下,创造出你想拥有的体验。

过分关注曾经发生的事,而不是把注意力放在当下正在发生的或你希望在未来发生的事上,你就会彻底被卡住,动弹不得。如果你感到确实对自己有所辜负,那么往前走,把自己渴望拥有的体验创造出来,这样的行动对你尤为重要。

你的人生没有完结,你没有一败涂地——但是,如果你始终放不下过去,不再做出尝试,那可谓是真正的失败。

说出来,捂在头脑中会让事情变得更加复杂

如果你被脑海中的想法、情绪和恐惧弄得非常纠结,那就

找个人聊聊吧，比如心理健康方面的专业人士，或值得信赖的朋友。如果你身边没人，跟自己说话也行。就像与对面的人说话一样，把你的想法说出来。

有时候，我们需要一个客观的第三方来帮助我们理清生活中的乱麻。把一切闷在头脑里或心里，往往会让事态变得更糟。表达出来会有助于简化问题、释放情绪，帮助你向前走。

慢慢来，因为你用不着现在就把所有事情都想清楚

成长一般都不是暴风骤雨式的，而是渐进的，它由微小的突破和小小的步伐积累而成。这是因为，当我们成长时，实际是在渐渐地拓展和重构舒适区。把自己调整到新模式的过程中，如果改变的步伐迈得太大、太快，我们往往就会退缩回熟悉的区域。

想要改变人生，最有效和最健康的方式就是慢慢来。如果你需要即时的满足感，就把目标定小一点，每天迈出一小步。渐渐地，动量会累积起来，你会发现，出发点已经远在数里之外了。

把情绪触发事件视作信号，因为伤口需要你的关注

情绪触发事件不是随机出现的，它们是来告诉你哪里伤得最重，或是哪里最需要成长。

如果我们可以把这些触发事件视作信号——它们想帮我们

把注意力集中到生命中需要疗愈、健康与进步的地方——它们带来的就是帮助,而非刺痛。

你不能无视自己的问题,不能漠视自己的伤口。你需要去看见,去分析,去处理,从中学习,然后相应地调整自己的行为。这些举动不仅能使你的心理变得更加强大,还会提升你的生活质量。

尊重不适感,因为它有话要对你说

人生给你的最佳礼物就是不适感。

不适感不是惩罚!它只是在努力地告诉你,在哪里你有能力做得更多,在哪里你可以做出改变,获得比现在更美好的东西。几乎每一次它都是来告诉你,在某个地方有更多更好的东西在等着你,而且它会推着你去寻找。

不要去安抚不适感,如果想获得强大的心理,你需要去倾听,去学习,然后改变自己的行为习惯。

你的人生就是一个反馈机制,它反映出"你是谁",而且它的终极目的就是帮助你生活得更好、更加充分地发挥出自己的潜能——如果你能够以这样的角度看待人生,那么转瞬之间你就会明白,挡住去路的从来都不是外部世界,而是你自己的思维。

如何真正享受人生

如果你问人生的目的是什么,不少人肯定会说人生的目的就是享受它。然而,有那么多人都做不到活在当下,无法如实地体验生活本真的样子。导致这种状态的原因有很多,从不切实际的期望,到过分用力地追求感觉良好,不一而足。

当你还在艰困中挣扎的时候,旁人最具侮辱性、也最难遵从的建议就是"放轻松点",或者"活得开心点"。当你处在求生模式,最不愿考虑的大概就是坐在原地,逆来顺受。如果你想再次享受人生,下面这句话最为重要:处在创伤和痛苦中时,你没法逼着自己幸福快乐。你要做的第一件事,就是先回到中性地带。

当你还处在挣扎当中,却想让自己感觉良好,这实际上会让情绪变得更加极端。你把"坏"的感受压制下去,竭力想去体验另一种感受。讽刺的是,许多在情绪问题上苦苦挣扎的人,在内心深处都格外渴望享受人生。

不必刻意追求幸福

幸福不是追求来的。它是经你允许后自然出现的。这话可能会让许多人感到惊讶,因为这个世界推崇积极主动。从积极心理学到贴满梦想美图的剪贴板页面,无一不在倡导坚定追寻的态度。可是,幸福不是自我训练一番后就能掌握的。

幸福是你的自然状态。这意味着,如果允许你想体验的其他情绪浮现出来,不做抵抗,而是去感受它们,处理它们,那么你就会自行回到幸福的状态。你对"不幸福"的抗拒越少,幸福感就会越多。过于用力地追求某种感受,反而让人得不到它。

抵达当下

有句话说得好:如果你焦虑,那是因为你生活在未来;如果你抑郁,那是因为你生活在过去。当你生活在当下,你就会发现,在无垠无尽的"现在"面前,过去与未来不过是幻象,你其实是在借助它们来逃避"安住在身体中"的状态。

能寻获幸福的唯一地方就是当下,因为这就是幸福存在的唯一之地。一心想着未来能发生什么,会发生什么,希望借由这种方式找到幸福,这实际上是一种解离。把眼下现有的资源充分利用起来,认真过好每一天——把关注的焦点放在这儿,就是在练习抵达当下的能力。

在"活在当下"与"关心未来的自己"之间,存在一种微妙的平衡。

别再控制别人

在《丹麦人为什么幸福》(*Hygge*)一书中,作者迈克·维金(Meik Wiking)解释道,与他人建立联结不仅意味着花时间和他们相处,还意味着不要去控制别人,不要用力地给人留下深刻印象,也不要引起别人的情绪反应[23]。别总是想着证明自己,你就会幸福得多。

那些总想要也需要在人际关系中宣示控制权的人，总是在假想出来的事情上争执不休，他们会在重要的节日或场合折腾出闹剧，而最应该得到他们的爱与珍惜的人，得到的却是他们最糟糕的行为。

为了得到更多的幸福，你需要把自己视作与周围人一样，你们是平等的。不断向周围的人学习吧，如果你能把自己放在这个位置上，就再也用不着因为担心自己"矮人一头"而做出过度补偿的行为了。

学会享受小小的快乐

一想到"享受"生活，我们很容易就会想到那种程度惊人的大好事儿。我们以为，只有在那种时候才会感到幸福，比如去度假，或是刚拿到一笔巨额奖金。

可是，这种想法实际上与幸福刚好背道而驰，因为它是"有条件的"。真正的幸福是拥抱生活中那些小小的快乐：温暖夏日清晨里的日出，面前的这杯咖啡，或一本精彩的好书。值得感恩的不只有大好事，也包括每一天里都能找到的"小确幸"。

绝大多数人都把幸福想得太严苛了。他们以为，唯有生活完美地运转，才能体会到真正的快乐。不是这样的。真正的快乐是在此时此地就能感受到幸福。

建立并维护积极正面的人际关系

无论你的性格是内向还是外向,人际关系的质量都会决定你的生活质量。无数研究结果都支持这些结论:我们和谁待在一起的时间长,就会变得像谁;与幸福感直接相关的,不是人际关系的数量,而是质量;孤独对健康的危害堪比吸烟[24]。

然而,大多数人对此的理解是,尽量多交朋友,多跟原生家庭待在一起(即便自己不喜欢他们)。这完全没抓到重点。幸福并不在于逼着自己去结交不喜欢的人,而在于跟你真心喜欢的、能为你的人生增添价值的人建立关系,并好好维护它。

当你遇到能与你心灵相通、惺惺相惜的人,主动多跟他们待在一起,并保持友谊健康常青。

尽可能地学习新东西

如果你认为,一切该懂的你都已经懂了,这实际上是把自己封闭了起来,不再接受更新更好的体验。在尝试新东西的时候,你认定自己知道会发生什么,或是对于一个从没去过的地方,你认为自己知道那里是什么模样的……如果是这样的话,你最好腾出一点空间来,让自己领略一下惊奇的滋味。

请这样看待人生:你可以持续不断地从中学习。痛苦教会你哪些事情令你感觉不好,哪些事情应该不再去做;快乐让你知道哪些事情是顺畅和谐的。每件事情都是你的老师,你越是允许生活改变你、提升你,你(以及你的生活)就会越变越好。

将艰难困苦视作转变良机

幸福的人不是每时每刻都欢天喜地,认清这两种状态的区别相当重要。实际上,真正幸福的人更为平和从容,而不是对每个体验都欣喜若狂。

这是因为幸福的人都有开放的心态,他们愿意改变,不会固守着原有的做法不放。他们知道人生需要成长,一旦成长停滞,不适感就会油然而生。

人生的自然特性就是不断地变化和进化。如果你没能跟上步调,生活就会逼着你做出改变,因为固守在原地已经让人越来越不舒服了。痛苦总是在所难免,但是,如果把关注的焦点放在内在成长上,你一定能免除许多煎熬。

知道把精力用在哪里

没错,大多数人都知道,如果把大部分人生都耗费在不喜欢的工作或讨厌的人身上,感觉肯定不会好。但很多人没意识到的是,我们不断投入精力去做的重要的事情远不止这两样,而正是那些事情决定着我们的生活质量。

不喜欢的工作,变了质的人际关系,这些都不是问题本身——它们只是表层的症状。根源在于,你允许你的思维跑到哪儿。当你把精力输送给某种想法,它就获得了生命。有个说法叫作"获胜的狼就是你喂养的那一头"。说到生活质量,你需要极其当心的是,你允许自己有什么样的想法,因为它很快就会变成你的情绪，然后化作你的信念、你的行为，确定无疑的是，最后它会成为你的生活方式。

留出放空的时间

幸福既是主动的追寻，也是被动的接收。虽然"每天都有满满的成就感"绝对是有意识选择的结果（顺便说一句，成就感可不是从天上掉下来的），但讽刺的是，发自内心的良好感觉不是逼着自己去找就能找到的，它是经你允许后自然出现的。

幸福是拒绝把日程表填得满满当当，恨不得每一秒钟都不放过，好把自己压干榨净。幸福是留出时间来拥抱每一天的琐碎日常。幸福是窝在椅子上看书，晚餐时与所爱的人闲话家常，或者就是简单地享受每天的"小确幸"。但这种时间不是自然而然地等在那儿的，你需要主动做出安排。

留出玩乐的时间

在孩提时代，我们每天做的就是想象和玩耍。生活就是我们的画布，我们天然地知道，我们可以尽情地想象一切事情，然后去创造，去表达，去把它们活出来。

在成年人的世界里，道理也是一样。然而，不到一二十年的工夫，生活的痛击好似把这种魔力从我们身上赶走了。如果你真想享受人生，就得留出时间，去做你小时候就热爱的事。画画、玩沙子、玩你喜欢的游戏，为了创造而创造。

如果这些听上去都太幼稚，很好，这意味着你已经做好准备去跟"内在小孩"和解了，那个孩子就在那儿，而且自始至终一直在那儿。享受人生，就是把人生实实在在地活出来——以最简单也是最具转化力量的方式。做法之一就是以自己最自然、最本真的面貌去面对世界。

成为自己的主宰

当你走到人生的终点，你开始看清生命中这些大山的真正用意。它们是礼物。

当你回首这一生，你不会记得那些艰难困苦。你会将它们视作转变的关键节点、成长的良机、觉醒的时刻——从那一刻起，一切开始改变。

要成为自己的主宰，第一件事就是彻底地、完全地对自己的人生负责。这里面甚至包括那些你不能掌控的事情。真正懂得自我负责的人知道，决定事情结果的，并不是发生了什么，而是人们应对的方式。

并不是每一个人都能做到这一点。绝大多数人都意识不到，正是他们自己制造出了生活中的风浪，而学会驾驭这些风浪正是他们的职责。绝大多人终日迷失在念头和感受的浓雾中，几乎没有能力走出去。

成为主宰就是意识到我们原本就携带着翻越面前大山所需

的一切装备。事实上，翻越大山就是我们此生的终极使命。我们不仅具备这种能力，而且我们注定要翻越它。

成为主宰就是终于明白多年来你一直忍受的那种不适感，并不是某种只能默默熬过去的苦难。那是你心底最深处的内在自我在对你说话：你有能力获得更多，你值得拥有更好的，你注定要成为梦想中的自己。

你必须承担起这个责任，你必须创造出这种转变。你个人的疗愈进程会在整个人类群体中创造出看不见的涟漪效应。如果我们想改变世界，那就改变自己。如果我们想改变生活，那就改变自己。如果我们想翻越面前这座最险峻的大山，那就改变攀爬的路线。

当你终于登上山巅——无论它象征着什么——你将转身回顾来时的路，并且知道原来每一步都是值得的。更重要的是，你将前所未有地感谢当初引领你踏上旅程的痛苦，那是因为，它其实并不是来伤害你的，而是来告诉你有些地方出了问题。问题就是：你还有封存的潜力尚未发挥出来，要么就是你把人生耗费在错误的人或错误的事上，而你还在疑惑为何你总是感到不对劲。

你的人生才刚刚开始。

有一天，曾经挡在面前的那座大山已经被你远远地抛在了身后，远到几乎看不清轮廓。但是，在攀爬它的过程中，你所成为的那个人怎么样了？那个人会永远陪伴着你。

这就是大山存在的意义。

参考文献

1. Halifax, Joan. *Standing at the Edge: Finding Freedom Where Fear & Courage Meet.* New York: Flatiron Books, 2018.
2. Hawking, Stephen. *A Brief History of Time.* New York: Penguin Random House, 1988.
3. Lachman, Gary. *Jung the Mystic: The Esoteric Dimensions of Carl Jung's Life and Teachings.* New York: Penguin Random House, 2010.
4. Hendricks, Gay. *The Big Leap: Conquer Your Hidden Fear and Take Life to the Next Level.* New York: HarperOne, 2009.
5. Swan, Teal. "Find Your Subconscious Core Commitment," tealswan.com.
6. Seymour, Tom. "Vagus Nerve: Function, Stimulation, And Further Research." *Medical News Today*, 2017.
7. Lieberman, Daniel Z.; Long, Michael E. *The Molecule of More: How a Single Chemical in Your Brain Drives Love, Sex, and Creativity--And Will Determine the Fate of the Human Race.* Dallas: BenBella Books, 2018.
8. Tracy, Brian. "The Role Your Subconscious Mind Plays In Your Everyday Life," briantracy.com, 2019.
9. Holiday, Ryan. "Sorry, An Epiphany Isn't What's Going To Change Your Life." ryanholiday.net, 2016.

10 Sims, Stacy T., Ph.D. "The 3 Body Types: Explained." *Runner's World*, 2016. https://www.runnersworld.com/health-injuries/a20818211/the-3-body-typesexplained

11 Taylor, Christa. "Creativity and Mood Disorder: A Systematic Review and Meta-Analysis." *Perspectives on Psychological Science*, 2017.

12 Cole, Adam. "Does Your Body Really Refresh Itself Every 7 Years?" NPR, 2016. https://www.npr.org/sections/health-shots/2016/06/28/483732115/howold-is-your-body-really

13 Bremner, J. Douglas, MD. *Traumatic Stress*: Effects On The Brain. US National Library of Medicine National Institutes of Health, 2006.

14 Burton, Neel, MD. "Our Hierarchy of Needs." *Psychology Today*, 2012. https://www.psychologytoday.com/us/blog/hide-and-seek/201205/ourhierarchy-needs

15 Jacobson, Sheri. "Inner Child Work: What Is It, And How Can You Benefit?" Harley Therapy, 2017. https://www.harleytherapy.co.uk/counselling/inner-childwork-can-benefit.htm

16 Henriques, Martha. "Can the legacy of trauma be passed down the generations?" BBC, 2019. https://www.bbc.com/future/article/20190326-whatis-epigenetics

17 Covey, Stephen. *The 7 Habits of Highly Effective People*. Mango Media, Inc. 1989.

18, 19 Hardy, Benjamin, Ph.D. "You Don't Control The Outcomes Of Your Life, Principles Do."
LinkedIn, 2017. https://www.linkedin.com/pulse/you-dont-control-outcomesyour-life-principles-do-benjamin-hardy-3

20 Lopez, Donald S. "Eightfold Path: Buddhism." *Britannica*, undated. https://www.britannica.com/topic/Eightfold-Path

21 Diamond, Stephen, Ph.D. "Essential Secrets of Psychotherapy: The Inner Child." *Psychology Today*, 2008. https://www.psychologytoday.com/us/blog/evildeeds/200806/essential-secrets-psychotherapy-the-inner-child

22 Brenner, Gail, Ph.D. "The Warrior's Way to Inner Peace: What Is Inner Peace?" gailbrenner.com. https://gailbrenner.com/2009/11/the-warriors-way-1-inner-peace/

23 Wiking, Miek. *The Little Book of Hygge: Danish Secrets to Happy Living*. NewYork: HarperCollins, 2016.

24 Pomeroy, Claire. "Loneliness Is Harmful to Our Nation's Health." ScientificAmerican, 2019. https://blogs.scientificamerican.com/observations/loneliness-isharmful-to-our-nations-health/